U0046419

圖解筆記

解
圖 記
筆

# 照著讀、跟著做，
# 你也可以是自己的理財專員！

　　2015 年 8 月的國際股災，從中國開始蔓延到歐美，其令投資人驚恐的程度，仿若金融海嘯再現！可是推估其原因，既沒有經濟大幅度衰退的跡象（美國還因為總經數據步入佳境，在當時還打算啟動升息循環），也沒有如 2008 年前後大型的公司宣告倒閉，或是某國債務再度敲響警鐘等情況。那又是為何會造成美股開盤道瓊重挫千點（2015/8/24），為了讓投資人冷靜，得要使出盤中暫停交易的非常措施？

　　還有，人民幣會在 2015 年 8 月中旬「開貶」，其背後的原因又是什麼？接著，為何瑞士央行決定與歐元脫勾？而中國大陸積極催生亞投行，只不過想與世界銀行分庭抗禮嗎？一直到 2016 年，不時就有油價大跌、引發美股重挫的新聞，以及中國和歐洲打算擴大 QE，還有多國實施負利率，使得美國 Fed 的升息步調放緩……。甚至於 2020 年春天爆發新冠肺炎疫情之後，全球主要股市一開始絕望似地重挫，卻又在短短幾個月之後，美國的幾個重要股價指數連袂創下歷史新高，這中間到底是有什麼道理？諸如此類，每天投資人翻開報紙，成篇累牘的財經訊息，充斥著各大版面。

　　有時候，你還會注意到，某報刊載了這家公司為何被調降評等、那個地區又被列為投資首選、中國政府「國家隊」打算如何出手救股市、日本的負利率政策竟然造成日圓大幅度的升值……。可是，大多數的投資人面對著這些財經資訊時，似乎是有看沒有懂的，雖然他們知道，在制定商業以及金融投資策略的同時，應該關心如何在有限的風險當中追求利益極大化，也就是如何在風險和利潤之間取得平衡點，這有一大部分將取決於投資人如何應變經濟環境的改變，進而做出合適的決策。

　　雖然我們也都明白，掌握目前所處的經濟環境，抓對趨勢並做出判斷，將是投資人趨吉避凶的不變鐵律，可是面對著財經報紙上面的報導，雖然沒有之

乎者也，但是通篇讀下來，搔頭弄耳、不知所云的，卻是大有人在。有時文字讀懂了，卻不明瞭其弦外之音，這樣的一知半解，反倒是最可怕的，因為可能因此就做錯決策了：本來是該賣的訊號，卻誤以為是加碼的號角，那豈不冤枉！

因此，解讀財經新聞背後的弦外之音，將會是你持盈保泰、掌握契機、投資勝出的關鍵！

有了以上的基本觀念之後，接下來，就是練就如何解讀的功力了。本書在以下的各個章節，除了會先說明某些數據或指標的基本觀念之外，也會援引時事新聞當作例子，來說明適當的解析方式及做法。

常有讀者或學員在問我：有沒有哪一個媒體或網站，可以提供給我們「最正確」、「最客觀」、「最詳實」、「最迅速」的觀點，讓我們可以按照它的資訊，來做投資決策？希望讀者在翻看本書之後能夠明白，這樣的期待也許要落空了！因為不管是媒體或是網站，都是「人」在經營的，而不同的人就會有不同的看法，就算是同一個人跟同一個媒體（或網站），因為在不同的時間點，也可能會有不同的動機而呈現出不同的觀點。最重要的是，當我們擁有解讀財經資訊的能力，那麼，不管何時，就既可以「解讀」、也可以「解毒」財經資訊了！

看懂財經新聞，
找到「吸金」市場

## 選股先選市，哪一個市場會漲？先來看懂經濟指標！

## 經濟數據數十種，這些重點你要懂

## 第3小時　解讀經濟指標，學會預測市場走勢

## 第4小時　政府救市的兩帖藥方：財政政策及貨幣政策

## 「第一次就上手」專欄

目錄

第2天

看懂財報，
不必再走「薪酸」路！

## 如何解讀財報四大表

## 解讀財報四大表，買股不再買心酸！

## 機會 VS. 風險：搞懂財務比率分析，讓你不再誤觸地雷！

## CEO 的成績單：經營效率及獲利能力分析

## 「第一次就上手」專欄

新聞幕後：
解讀財經資訊釋例

## 指標數值之增減，不等於財富之增減

## 先見之明的指標，可以讓你及早因應、趨吉避凶

## 仔細看財報，避免存「股」變成存「骨」！

## 庫藏股是公司護盤萬靈丹？
## 小心良藥變成毒藥，反倒讓投資人對企業失去信心！

## 「第一次就上手」專欄

第1天

# 看懂財經新聞，
# 找到「吸金」市場

常常看到報紙斗大的標題：「央行降息救經濟！」、「臺幣貶值救出口！」……你瞭解央行為什麼要降息？降的又是哪種「息」嗎？為什麼當臺灣的出口不振時，就會出現要臺幣貶值的聲浪？瞭解這些問題的來龍去脈，提早布局，你就會是投資高手！

本書不僅讓你學會判斷經濟情勢，也會讓你知道企業財務數字背後代表的資訊密碼！接下來，你還會知道，哪一個地區／國家可以「吸金」，哪一支個股可以「吸睛」！

小時　選股先選市，哪一個市場會漲？先來看懂經濟指標！

小時　經濟數據數十種，這些重點你要懂

小時　解讀經濟指標，學會預測市場走勢

小時　政府救市的兩帖藥方：財政政策及貨幣政策

第1天　第1小時

# 選股先選市，哪一個市場會漲？先來看懂經濟指標！

財經資訊滿滿滿，可是有看沒有懂？很多人在接收財經資訊時，往往是一知半解、甚至是一廂情願；因此，看報紙做股票卻虧錢，到頭來怪罪財經資訊是騙人的。真的是這樣嗎？重新學會看報紙的財經新聞，讓你不再因此而懵懵懂懂進出股市！

**觀念速解**

## 黑天鵝

市場中稱少見且不可預測的重大事件的說法，而「少見」、「不可預測」和「帶來重大衝擊」，即是構成黑天鵝事件的三大要素，近期事件包括：2001年的 911 恐怖攻擊事件、2007 年次貸風暴引發的金融海嘯等。

> 單元重點
>
> ・客觀看待財經新聞，不輕易隨之起舞
> ・抓出事實、掌握數據，不要人云亦云
> ・旁徵博引、鑑往知來，避免重蹈覆轍

**觀念速解**

## 偏多

預測市場未來走勢的說法，如果看好市場，認為後市會呈現上漲趨勢，即為「偏多」，也稱作「看多」。

**觀念速解**

## 偏空

預測市場未來走勢的說法，如果看壞市場，認為後市會呈現下跌趨勢，即為「偏空」，也稱作「看空」。

## 客觀看待財經新聞，不輕易隨之起舞

**Ｑ** 我們在投資任何一種金融商品，或者涉略投資工具時，往往會發現「人算不如天算」，也就是會突然地飛來幾隻**黑天鵝**，或者受到某些財經事件而干擾盤勢。面對這些財經新聞，有沒有什麼「撇步」可以解讀呢？

**Ａ** 在這個資訊爆炸、行動網路當道的時代，蒐集資訊只要一下指。但說到要正確地「解讀」這篇資訊，究竟是「偏多」還是「偏空」，可就不太容易。主要原因是，讀者太過入

戲 —— 特別是很容易「同仇敵愾」。當我手中有某檔股票時，
遇到壞消息，立刻成為驚弓之鳥，不分青紅皂白地，就把股
票出脫了，結果是籌碼被洗出來之後，眼睜睜看著股價扶搖
直上！另一種情節是，我的手中沒有某檔股票，可看到早報
斗大的「營收創新高」標題，不禁心癢難搔，擔心買不到股
票，一開盤，就用市價單（漲停價）搶著敲進數張，結果之
後股價不僅沒有上漲，還跌停；更慘的是，還跌個不停！因
此，如果沒有辦法正確解讀資訊，常常道聽塗說的話，還不
如先咀嚼這句古諺：「盡信書，不如無書！」

觀念速解

**市價單**

顧名思義，即是以市場
價格為優先成交價的交
易單。

若沒有辦法正確解讀資訊，盡信書，不如無書！

**INFO** 「黑天鵝」有著高度不可能事件所應具備的三個特徵

第一是不可預知性；第二是它所帶來的影響是巨大的；第三是，在此之後，人
們總是試圖編造理由來作解釋，好讓整件事情看起來不是那麼的隨意就發生
了，而是事先能夠被預測到的——通過這樣那樣的分析。
典型的「黑天鵝」事件有：
次級抵押貸款風波：過去 20 年來，華爾街各大金融機構聘請了來自美國頂尖
高校的數學人才，編制了針對股市的電腦自動交易系統。理論上，電腦交易出
現大崩盤的概率為「10 萬年才會發生一次」。但在 2008 年夏天，因為次級
債市突變，高盛旗下用電腦交易的「全球配置基金」在一週的時間裡價值縮水
30%，損失 14 億美元。

資訊來源：MoneyDJ 理財網

**Q** 所以，我們在看財經新聞時，不能只是解讀標題字面上的意義，就貿然買進賣出？那有什麼要點可以掌握的嗎？

**A** 剛踏入投資領域的新手，常常免不了會看報紙新聞，特別是報紙標題來進出市場；然而，常常會遇到結果與預期相反的情形，心裡不免會有「報紙的資訊是真的嗎？」的疑慮。其實在資訊爆炸、訊息充分流通的時代，報紙的新聞多半不會是空穴來風，只是要提醒讀者朋友注意的是，這些資訊的「時間差」問題；換句話說，你看到的新聞會是第幾手？如果不是第一手的資訊，那麼當這些新聞發布的時候，會不會正好是「利多（空）出盡」的時候？

試想，當有好消息公布出來，大家都想買（股票）、卻沒有人想賣，你覺得股市會有成交量嗎？那如果股市的成交又是爆大量，那麼，會有誰想要在好消息頻傳的時候，不買股票、卻想要賣股票，而且又賣出大量的籌碼（因為股市成交爆大量）？這些人是不是已經提早上車，等著消息公布出來之後，剛好讓看到消息的散戶們接手、而獲利了結！所以，如果只是看報紙標題就貿然進出，是很危險的！

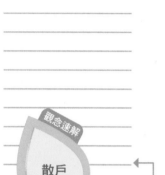

**觀念速解**

**散戶**

以投資市場中交易量來分，進出市場資金量相對較少的投資人，即為「散戶」。

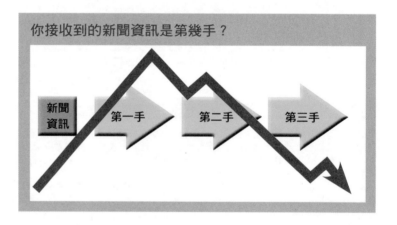

你接收到的新聞資訊是第幾手？

新聞資訊　第一手　第二手　第三手

**Q** 難道消息有可能提前外洩，或是內線交易嗎？

**A** 這倒是不盡然。因為，不管是大環境總體經濟指標，或是個股財務報表數據的變化，其實都是有脈絡可循，很少會突如其來就來個大轉彎的！但是要練就「火眼金睛」，洞悉市況，就必須要掌握某些要領要訣、循序漸進的練習。

以下，我們先列出一些解讀財經資訊的基本原則，提供給讀者朋友們參考，嗣後再按照本書後面各章節「練功」、搭配閱讀大量的案例，時日一久，你一定可以洞悉新聞背後所代表的意義，再也不用人云亦云！

觀念速解

**內線交易**

通常投資市場有一個公開的場合進行買賣，但有時會有資訊未公開但後來證實足以影響投資標的價格的消息時即進行交易，稱為內線交易。

## 抓出事實、掌握數據

**Q** 每個月 10 號前，上市櫃公司都有月營收的數字公布，可以先說明一下，如何看待這些數字嗎？

**A** 首先，是面對著財報數字公布之後，你必須要有的正確心態就是：不能照單全收！如果你只是人云亦云的話，那是很難有效利用財務資訊的！

一般報章雜誌上的財經資訊內容，主要可以分成兩大段落：有一大段，是在敘述該公司客觀的財務資訊，例如，某公司某個月分的營收數字是多少？相較於上個月成長或衰退多少百分比？比起去年同期，是增加還是減少？跟市場的同業相比，業績數字是較高還是較低。我們說，這是「客觀」的數據，也是事實的敘述。

接下來，記者會去訪問某些專業人士的看法，這些專業人士，可能是分析師，也有可能是理財專員。記者會告訴你，這些受訪者基於上面那些數據，因而看好或看淡這家公司未來的前（錢）景；甚至於還會告訴你，他們認為未來該公司的目標價會上看或下修到多少元。這一段，我們稱之為「主觀」的看法。

## 看空

預測市場未來走勢的說法，如果看壞市場，認為後市會呈現下跌趨勢，即為「看空」。

## 看多

預測市場未來走勢的說法，如果看好市場，認為後市會呈現上漲趨勢，即為「看多」。

## 無量飆漲

當市場處於上漲趨勢，尤其是主升段時，籌碼被主力鎖住，成交量出不來，但標的價格卻隨主升波上漲，即為無量飆漲。

## 無量下跌

與無量飆漲相反，當市場處於下跌趨勢，尤其是主跌段時，大家都想賣，成交量出不來，但標的價格卻隨之下跌，即為無量下跌。

**重點** ▶ 客觀數據：敘述某檔股票該公司的財務資訊，通常有書面的數字的事實呈現。

主觀看法：由分析師、理財專員或其他部落客，針對趨勢所提出的個人觀點。

在我們閱讀這段落上的文字時，得要知道，這是某個特定人的觀點而已，可以先參考一下。試想，如果每個讀者都接受了這個單一觀點（不管是看多還是看空），都一致性的想要買（跟著看多）、或者都想要賣（跟著看空）的話，那麼，股市能有成交量嗎？市場上一定要有一部分的人看多去買股票、一部分的人看空去賣股票，才會有成交。一言堂的結果，一定會造成無量飆漲，或者是無量下跌吧！既然股市每天都有成交量，都在多空交戰，代表同一份訊息出來，一定是有人作正面解讀，有人作負面解讀吧！因此，看到法人、專家的說法，你要「解讀」、也要「解毒」！至於如何解讀這些客觀的數據（就是「事實」），我們後面的篇章會有更進一步的解說；而那些看好或看壞的目標價，是某些人的觀點，我們可以參考，但不可以誤以為這些數字就是未來會成真的「事實」！

關於「多空交戰」，美國的 GameStop 事件值得關注，以下摘錄幾節新聞跟大家分享：

### 「GameStop 大軋空」逼急華爾街！美國百萬散戶灑全面圍剿　多家券商限制交易

更新於 2021 年 01 月 29 日 15:50／蔡媽

美國百萬散戶藉拉抬 GameStop、AMC 等小型股價格，以軋爆避險基金的大戲，在過去三個交易日中達到引爆點，GameStop 股價表現強勁，27 日股價上漲近 135%，成為華爾街交投最活躍的個股之一，空頭虧損額逾 50 億美元（約

新臺幣 1400 億元）。

（中略）

GameStop 股價自去年 12 月迄今已暴漲逾 1700％，本月 27 日收漲 135％，收於迄今最高的 347.51 美元（約新臺幣 9700 元）；AMC 收盤大漲 301％，收於 19.90 美元（約新臺幣 557 元），這兩支股的漲幅都創下紀錄。券商為規避風險，祭出限制交易措施之後，被散戶推捧的幾支小型股 28 日大幅下挫。GameStop 與 AMC 均震盪下挫逾 40％。

（中略）

散戶或多或少都會關注論壇 Reddit 版面「華爾街賭注」（Wall Street Bets），當 Reddit 鄉民們發現對沖基金盯上 GameStop、打算將其做空，散戶投資者與小型券商卻透過 Reddit 鼓勵炒股、大舉湧入買進。過去，華爾街金融菁英時常嘲笑散戶投資「笨錢」（dumb money），注定要被分析師與交易員的操作「割韭菜」，然而這次卻是散戶團結起來把華爾街做空機構軋空。

資料來源：風傳媒

## 735.76億 台積5月營收今年新高

| f 分享 | G+ 分享 | 留言 | 列印 | 存新聞 | A-　A+ |

2016-06-08 15:32 聯合晚報 記者張家瑋／台北報導　f 讚 分享 1　傳送 G+1 0

晶圓龍頭台積電（2330）5月營收再次站回7字頭，合併營收735.76億元，月增10.1%，年增4.9%；累計前五月合併營收3439.14億元，年減6.4%。台積電董事長張忠謀指出，台積電下半年景氣不錯，全年營收與獲利成長5%至10%，明年有機會上調股息。激勵台積電股價創16年來新高的166元，市值更飆新高4.3兆元。

台積電上月營收意外滑落至700億元之下，低於市場預估，主要受半導體下游智慧型手機、PC及平板電腦等成長趨緩所致，以台積電本季營收財測目標2150億元至2180億元推估，5、6月合併營收應站回700億元以上，進一步挑戰今年新高水準。

資料來源：聯合晚報

## 旁徵博引、舉一反三

**Q 除了區別客觀的數據跟專家的說法之外，還有什麼地方需要注意的？**

A 接下來，如果你不想被某些人的觀點，或者是片面、單一的資訊所左右，那麼，你得要再勤勞點，學學偵探的好奇精神，去發掘這篇新聞事件所沒有提及的內容。例如，當報紙新聞登載某家公司9月的營收較8月分增幅達到20％，看似不錯的佳績，可也未必是能夠據以進場的時刻。因為，這個月業績表現不錯，也許是老天爺幫的忙，而不是該公司經營團隊的傑出表現，也許這個月剛好是該公司進入傳統的旺季，因此，業績比起淡季，當然會有可觀的增幅；你也就不能在讚嘆該公司業績的增幅之餘，驟然買進該公司的股票。你還可以到公開資訊觀測站（mops.twse.com.tw/mops/web/index）去查詢該公司發布的訊息全文，如此一來，將可以全面的解析該新聞尚未揭露的其他重要訊息；甚至於，

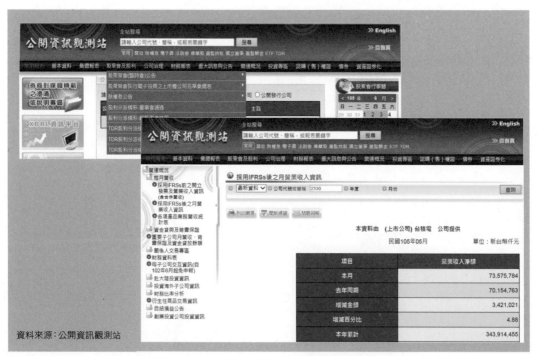

資料來源：公開資訊觀測站

— 18 —

你還可以比較一下同業的業績狀況，就可以知道，這 20％ 的增幅，是不是真的值得新聞大肆的報導了。說不定，你還會突然發覺，和往年 9 月分的業績相比，這 20％ 的增幅竟然只是普通的表現而已，那麼，你還要因為這則新聞而大力買進該公司的股票嗎？而關於如何上網查詢公司的相關財務資料，以及如何作比較，別擔心，我們後面也會有實際案例，一步一步地教會大家如何掌握客觀的財務資訊。

### Q 進一步上網蒐集資訊之後，就可以安心買股票了嗎？

A 有時候，當你上窮碧落下黃泉地把所有公司的財務資訊「客觀」地解讀，並且很篤定地買進之後，該公司的股票價格卻紋風不動，而且還盤整很久，讓你心焦不已，於是你開始懷疑，難道財務報表上面的數字是「假」的嗎？要不然，這麼好的一家公司，股價怎麼不會漲呢？

在解讀財報上的資訊時，我們當然得要假設所有的會計數字，都是經過公司客觀公正的報導，以及會計師執行查核工作，已經對財務報表有無重大不實表達，提供合理保證之後的結果。但是，好的財務報表數字，就必然會讓公司的股價上漲嗎？

### Q 好的財報數字，跟股價上漲沒有必然的關係嗎？

A 我們知道，資金一定往最有效率的地方流去，因此，股市有所謂「有量才有價」、「量先價行」的說法；換句話說，公司的股價要能夠上漲，得要有資金的追捧才行。於是，這個資本市場要先有「吸金」的能力之後，接下來，這些資金才會去找尋具有「吸睛」的個股。明白這個道理之後，我們在找尋投資亮點之前，就得先要看看，這個股票市場有沒有吸引資金的能耐。試想，之前歐豬五國（指的是葡萄牙、愛爾蘭、義大利、希臘跟西班牙）中的各國（特別是希臘），

**觀念速解**

**盤整**

即股價進行整理之意，也就是股價在一段時間內波動很小，沒有明顯的上漲或下跌，呈現上上下下的起落現象。

**觀念速解**

**量先價行**
（有量才有價）

技術分析中常用的一種觀念，以成交量領先股價反應為依據，作為預測未來價格的方法。
因此，在解讀財經資訊時，除了看懂財報數字之外，還少不了要具備解讀該公司所在國家的總體經濟指標——會不會「吸金」的能力了。

**觀念速解**

**歐豬五國**
（PIIGS）

2008 年金融危機後，歐洲部分國家因債台高築，而無力還債或必須延期還債的現象，其中涵蓋葡萄牙（Portugal）、意大利（Italy）愛爾蘭（Ireland）、希臘（Greece）、西班牙（Spain）等五國，取其英文第一字母而定名。

面對債臺高築的窘境，不要想外資會有蜂擁而至的局面了，連內資都想要外逃的情況之下，哪會有資金想要留下來投資該國的股票呢？如此一來，就算該國最好的公司，端出最好的財務報表數字，這家公司的股價因為缺乏資金的進駐，不漲就是不漲！

**Ⓠ 既然找尋「吸睛」的個股之前，要先找到足以「吸金」的區域或國家，那麼，有哪些關鍵點，可以找到這些可以「吸金」的區域或國家呢？**

Ⓐ 在解讀經濟數據或指標時，讀者可以按照以下幾個步驟，先行篩選出比較重要的經濟指標，如此一來，就能在有限的時間裡，掌握這些經濟數據或指標所透露出來的訊息。包含：市場在過去發生了什麼重大事件？政府有關當局應該要如何因應此一重大事件所帶來的衝擊？要不然，未來可能會如何變化？還有，你又要如何看穿報章雜誌並不恰當的解讀，而能有自己的一得之見？

## 鑑往知來、避免重蹈覆轍

**Ⓠ 聽起來要注意的事項還蠻多的⋯⋯**
Ⓐ 其實歸納一下，倒也不複雜，這些步驟可以簡單地敘述如下：

❶ 這些數據或指標是什麼？什麼是失業率？什麼是國內生產毛額（GDP）？什麼又是通貨膨脹率？先瞭解這些指標基本的概念及定義，將會有助於我們後續的分析。

❷ 這些指標包含哪些項目？例如前述 GDP 的計算，涵蓋哪些項目？在計算失業率時，所謂勞動力包括哪些人？

❸ 這些指標會在什麼時候公布？公布在哪裡？既然這些指標值得我們追蹤解讀的話，代表有相當的重要性；因此，我們得要瞭解這些指標或數據多久會被更新一次？以及數據

觀念速解

**經濟數據指標**

指反映某種程度的社會經濟現象數量方面的名稱及其數值，在反映經濟現象及其發展規律的數量表現時，是以理論經濟學所確定的經濟範疇的含義作為依據。

觀念速解

**失業率**

失業人口占勞動人口的比率。

觀念速解

**通貨膨脹**

指整體物價水平呈現持續性的上揚，一般通貨膨脹發生時，通常貨幣會貶值或購買力下降，反向的現象稱為「通貨緊縮」。

資料來源：行政院主計總處

資料來源：中央銀行

公布的管道之後，將有利於我們持續的追蹤以及解析。

❹ 這些數據或指標的可信度如何？這些數據是由哪個單位提供的？你會相信謠言嗎？如果有人拋出某些來路不明的訊息，你還會花心思去解讀嗎？如果這些數據是來自於官方機構的話，就較為可靠；不過，要注意的是，並不一定所有出自於官方機構的數字，我們都能夠照單全收。有某些情況，來自於政府（例如某些開發中國家）、

或者是公司（例如當這些公司想跟投資人募集資金的時候）官網公布的數字，會利用某些統計技巧（例如與上個月比，或者是與去年同期比），來美化數字。這時候，你就得要靠著長期追蹤這些數字的走勢變化，來避免被這些居心叵測的機構給蒙蔽了。

因此，如果是由政府相關部門，例如臺灣的行政院主計總處、中央銀行、國家發展委員會（簡稱國發會），或者是像美國的商務部（U.S. Commerce Department）等發布的訊息，是屬於可靠的政府機關定期發布的資訊，那麼，你就

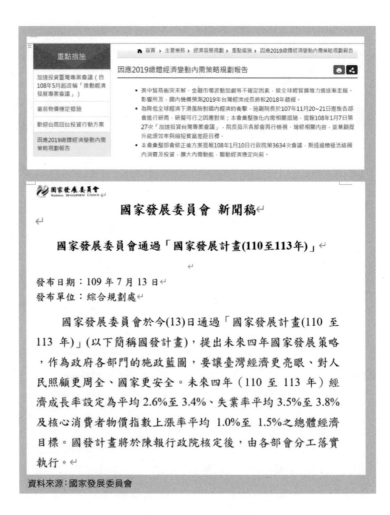

資料來源：國家發展委員會

可以追蹤研究這些數字背後所隱含的意義；因為，後市是好是壞、盤勢是多是空，都可以憑經驗判斷出來。但若該數據是來自民間智庫、市場剛成立的研究機構、部落客、甚或是網路鄉民的街談巷議，由這些毫不具公信力的來源所提供的資訊，你還要大費周章地花心力去解讀嗎？有一句在學習編撰程式語言時，老師會告訴你的說法是「garbage in, garbage out」，可以充分說明面對一份不可靠的資料，也無須花費時間去研究它了！

　　有了以上的基本準備之後，接下來，就是練就如何解讀的功力了。本書在接下來的各個章節，除了會先說明某些數據或指標的基本觀念之外，也會援引時事新聞當作例子，來說明適當的解析方式及做法。讀者朋友如果照著做，假以時日，肯定可以擁有解讀財經資訊的能力；那麼，不管何時，就既可以「解讀」、也可以「解毒」財經資訊了！

**觀念速解**

**後市**

指未來市場的走勢，通常為預測市場時所用的術語。

# 經濟數據數十種，這些重點你要懂

股市債市的漲跌，往往要看某些「客觀性的指標或數據」的臉色；而這些「客觀性的指標或數據」主要是一般財經新聞會引述、由政府或公正可信的民間機構定期統計公布的總體經濟指標。學會掌握並解析這些經濟數據的變化，你可以早一步知道市場會有怎麼樣的變化！

單元重點

· 國家經濟好不好，看 GDP 成長率就知道
· 經濟指標公布，牽動市場投資人的神經
· 製造業經濟活動指標，是景氣榮枯的先行指標
· 半導體設備訂單出貨比是否大於 1，作為判斷半導體設備產業景氣良窳的先行指標

## 國家經濟好不好，看 GDP 成長率就知道

**Q** 前面有提到過，國家「吸金」的重要性，那麼要如何判斷這個國家或經濟體的經濟情況很好，會吸引國外的資金前來投資呢？

**A** 要如何判斷這個國家或經濟體（例如歐元區，其中包含近 20 個國家）的「健康狀況」，就要解讀這個國家重要的經濟指標；就好比我們體檢報告上面的各項生化指標一樣，會告訴我們身體的某一個器官是否出現了問題。而要解讀這些總體經濟指標，跟醫生判別健檢報告上的數字一樣，需要與一個標竿值做比較，才能判斷出現時的經濟體質是好是壞。

而如何解讀各項總體經濟指標所代表的意義與功能，攸關預期財政政策及貨幣政策（這兩個政策的意涵，我們會在下一節進一步的解釋清楚）的可能走勢；我們甚且可藉此作出相對應的投資決策，其重要性不言可喻。因此，我們得要

先學會幾個重要的總體經濟指標，以利將來對於財經時事新聞的解讀。

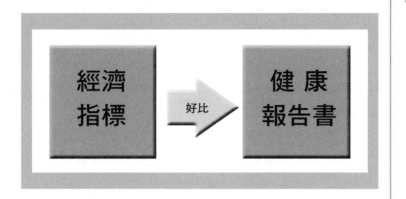

**國內生產毛額**

（Gross Domestic Product，GDP）

在「一定期間內」，由一個「地區」裡所有的人民（不分國籍、人種，但限定在同一個地區）所生產出來，提供「最終用途」的商品與勞務之「市場總價值」，稱之為國內生產毛額。

**國民生產毛額**

（Gross National Product，GNP）

在「一定期間內」，由一個「國家」的所有人民，在全世界各個地區（有國籍之分而無國界之分）所生產出來，提供「最終用途」的商品與勞務之「市場總價值」，稱之為國民生產毛額。

**Q** 總體經濟指標有數十種，我們要如何解讀呢？

**A** 雖然每一個國家都有統計局等相關單位，負責提供經貿數據，供政府施政的參考，但是，我們可能不必要全部都一一仔細研讀之後，才做出投資決策，有幾個重點指標，卻是必須要經常性地追蹤，才能及早預知經濟的轉折點，其中，GDP 和 GNP 就是關鍵性的指標。我們先來看看它們的定義：

## GNP VS. GDP 比一比

| 名稱 | GNP（Gross National Product，國民生產毛額） | GDP（Gross Domestic Product，國內生產毛額） |
|---|---|---|
| 定義 | 為屬人主義，該國國民所生產的最終財貨，以市價來評價的價值 | 為屬地主義，即在當地（國家或地區）生產的最終財貨，以市價來評價的價值 |
| 計入對象 | 只要是本國人，不論是當地或是國外生產的所得皆屬之 | 只要是在當地生產後的所得，不論是本國人或外國人都計入 |
| 公式 | 個人消費支出（C）＋國內民間投資毛額（I）＋政府消費支出（G）＋〔出口（X）－進口（M）〕 | |

　觀察前述的定義，我們可以發現：GNP 是以生產者的「國籍」為界定範圍；而 GDP 卻是以生產者所在的「國境」為

界定範圍。一般來說，是否具有「吸金」的能力，我們會觀察 GDP，因為國內生產毛額的大小，表示一國的經濟規模；比較該年的 GDP 對於前一年 GDP 的增加率，稱之為「經濟成長率」，是為判斷經濟情勢的重要指標之一。

**Q 為什麼「吸金」能力的高低，主要會著眼於 GDP 而不是 GNP 呢？**

A 由於 GDP 一般定義為一國在「一定期間內」所生產出來，提供「最終用途」的商品與勞務之「市場價值」。在此定義中，「國境內」指的是一國國土內所有的生產活動，因此，如果外國人來臺投資或是外勞在國內的報酬，都算是 GDP 的一部分，然而本國人在國外的生產則不屬之。相對地，GNP 則是包含「本國人」在國外的所有生產總值，反倒是外國人來臺投資，或是外勞在國內的報酬，都不算是 GNP 的一部分。而為了計算方便，我們可以藉由加總下列四個要素而得出 GDP 的數值：個人消費支出（C）、國內民間投資毛額（I）、政府消費支出（G）、淨商品及勞務出口（X-M）。

GDP = C + I + G + (X - M)

因此，我們再簡短歸納一下，「國內生產毛額」（GDP）與「國民生產毛額」（GNP）不同之處在於，GDP 不將超出國境之外的財貨或勞務收入計算在內。也就是說，GDP 計算的，是一個「地區內」生產的產品、財貨或勞務收入的總值。而通常我們會比較重視 GDP 的數據，主要是因為，我們想要瞭解哪一個地區或國家值得投資，或者說，國際資金會流向哪一個地區去，會讓資金運用起來更有效率，自然是要看該地區的 GDP，而不是 GNP。

# 關鍵轉折點 ─ 掌握 GDP 成長率的變化

**Q** 那麼要如何觀察 GDP 的變化，來幫助我們做好投資決策呢？

**A** 舉例來說，GDP 這個數據，在美國係由商務部經濟分析局（BEA）針對每季的 GDP 數字進行統計並公布。而基於資料的可取得性以及時效性，我們可以看到三種不同的估計值：最初的 GDP 報告稱為先行（Advance）報告，公布於當季結束後的第一個月內。依據經濟分析局提供的資料顯示，這份報告的估計值往往是相當不完整的，主要是因為在這個時間點，有大約 25％的數據，是尚未能取得的（尤其是服務部門）。因此，在若干時日後，有某些數據會出現大幅度的修正。由於第一次的估計值並不精確，經濟分析局會於接下來的兩個月內，分別公布初步的（Preliminary）與修正的（Revised）估計值。而公布這個數據的同時，我們還要注意所謂 GDP 成長率這個數值。因為既然 GDP 的大小，表示一國的經濟規模，如果把它跟前一期（或者上年度）相比，增加的比率稱之為經濟成長率，這是判斷經濟情勢的重要指標。它的定義如下：

**INFO 經濟成長率**

經濟成長率 =（本期的 GDP − 前期的 GDP）/ 前期的 GDP×100%

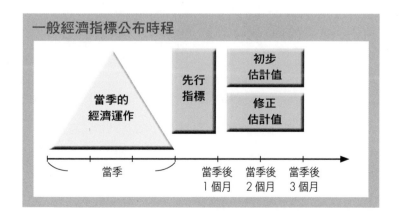

一般經濟指標公布時程

至於公布這個數據之後，市場將會如何反應？主要取決於市場原先對於 GDP 的預期。如果 GDP 的成長率不如預期，對於債市而言是利多消息，對股市則是負面的；主要是因為，股票市場的投資人會擔心經濟是否將陷入衰退？而股票市場的投資人既然是關注於公司的前景及未來性，自然對代表經濟前景數據的經濟成長率特別關心；一旦不符合市場的預期時，自然會有一波失望性的賣壓出現，而將資金轉往債券市場，領取固定收益的報酬了。

而對外匯市場而言，不如預期的 GDP 成長率，也一樣是利空消息，因為如果該經濟體的經濟展望不佳，已經在該經濟體的資金會想要盡快外逃，找尋更好的投資機會；而尚未進來該經濟體的潛在資金（國外游資，Hot money，簡稱外資），更是不敢進來了，因為可能會無利可圖。這一來一往，該經濟體的貨幣價值自然走跌，也就是該國的貨幣會有貶值的趨勢。

GDP 成長率情形與股債匯市的關聯

而如果實際公布的 GDP 數據超乎市場預期，那麼國內外投資人會爭先恐後地將資金匯集到該經濟體，畢竟之前經濟是好是壞，都是市場的猜測，現在由官方機構公布出來更為亮眼的數據，形同為市場的前景背書一樣，如何不會吸引

資金進來這個經濟體呢？這個時候，就會形成所謂「股匯雙漲」的情形了，即股市大漲、吸引外資持續匯入，而讓該國貨幣升值。

| 最新統計指標 | | |
|---|---|---|
| 經濟成長率(yoy)(%) | 4.64 | 110年預測 |
| 消費者物價指數年增率(%) | 1.37 | 110年2月 |
| 失業率(%) | 3.66 | 110年1月 |
| 工業及服務業每人每月經常性薪資(元) | 43,125 | 110年1月 |
| 工業生產指數年增率(%) | 18.81 | 110年1月 |
| 外銷訂單(百萬美元) | 52,716 | 110年1月 |
| 進口年增率(%) | 5.7 | 110年2月 |
| 出口年增率(%) | 9.7 | 110年2月 |
| 人口數(期底)(人) | 23,539,588 | 110年2月 |
| 外匯存底(期底)(十億美元) | 543.33 | 110年2月 |
| 景氣領先指標不含趨勢指數(點) | 107.07 | 110年1月 |
| 來臺旅客人次(人次) | 14,794 | 110年1月 |

資料來源：行政院主計總處

## 經濟指標公布，牽動市場投資人的神經

**Q 除了 GDP 這個數據之外，還有別的經濟數據需要注意解析的嗎？**

**A** 由於美國是全球最大的經濟體，因此，美國定期公布的經濟數據，就會成為全球各國矚目的焦點。而除了美國之外，我們在做全球資產配置時，也要注意其他主要各國的重點經濟數據。以下我們以表格方式彙總出世界各主要國家的重要經濟指標，提供給讀者參考。

## 美國經濟數據公布的時機

| 報告 | 公布日期 |
|---|---|
| 汽車銷售量 | 同月約 13 日、23 日及次月的 3 日 |
| 採購經理人報告 | 次月的第一個營業日 |
| 就業報告 | 次月的 1～7 日 |
| 躉售物價指數 | 次月的 9～16 日 |
| 零售業業績 | 次月的 11～14 日 |
| 工業生產／開工率 | 次月的 14～17 日 |
| 房屋開工率／建築許可 | 次月的 16～20 日 |
| 消費者物價指數 | 次月的 15～21 日 |
| 耐久財訂單 | 次月的 22～28 日 |
| GDP | 次月的 21～30 日 |
| 個人所得／消費支出 | 次月的 22～31 日 |
| 領先指標 | 次月的最後營業日 |
| 新屋銷售 | 前兩個月的報告於 28 日～次月 4 日公布 |
| 營建支出 | 前兩個月的報告於第一個營業日公布 |
| 工廠訂單 | 前兩個月的報告於 30 日～次月 6 日公布 |
| 商業存貨／銷售 | 前兩個月的報告於 13～17 日公布 |
| 商品貿易赤字 | 前兩個月的報告於 15～17 日公布 |

| 德國／歐元區／日本／韓國重要的財經數據 | |
|---|---|
| 德國／歐元區 | IFO 企業信心指數 |
| | ZEW 經濟信心指數 |
| | 德國製造業訂單 |
| | 歐元區物價數據 |
| 日本 | 景氣領先指標 |
| | 機械訂單數據 |
| | 產業信心指數 |
| | 物價數據 |
| | 貿易數據 |
| 韓國 | 景氣領先指標 |
| | 消費者信心指數 |
| | 商業調查綜合指數 |
| | 物價數據 |
| | 貿易數據 |

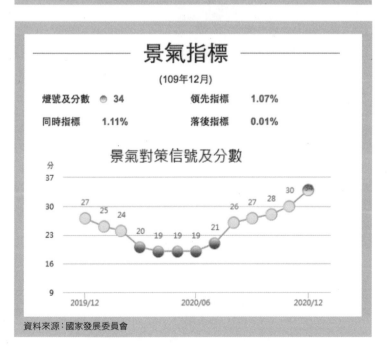

## 景氣指標

(109年12月)

| | | | |
|---|---|---|---|
| 燈號及分數 | 34 | 領先指標 | 1.07% |
| 同時指標 | 1.11% | 落後指標 | 0.01% |

### 景氣對策信號及分數

分
37 ─────
30 ─── 27  25  24 ─── 20  19  19  19  21  26  27  28  30 ───
23 ───
16 ───
9 ───
2019/12      2020/06      2020/12

資料來源：國家發展委員會

## 臺灣經濟數據公布時間表

| 公布日期 | 經濟指標 | 發布單位 |
|---|---|---|
| 1 日 | 股價指數及股市成交總值 | 證交所 |
| 5 日 | 躉售物價指數 WPI（年增率） | 主計處 |
| | 消費者物價指數 CPI（年增率） | 主計處 |
| | 進出口物價指數（年增率） | 主計處 |
| 7 日 | 進口出口貿易總額（年增率） | 財政部 |
| | 外匯存底 | 中央銀行 |
| 8 日 | 全國稅收統計 | 財政部 |
| 14 日 | 準備貨幣統計 | 中央銀行 |
| 每年 2,5,8,11 月的 15 ～ 20 日 | 國民生產毛額 GNP / 國內生產毛額 GDP | 主計處 |
| 每年 2,5,8,11 月的 20 日 | 國際收支概況 | 中央銀行 |
| 21 日 | 工業生產變動概況 | 經濟部 |
| | 外銷訂單金額及年增率 | 經濟部 |
| 23 日 | 勞動參與率及失業率 | 主計處 |
| 25 日 | 貨幣供給額 $M_{1a}$、$M_{1b}$ 及 $M_2$ 之日平均月底值及年增率 | 中央銀行 |
| 26 日 | 國際金融業務分行（OBU）統計 | 中央銀行 |
| 27 日 | 景氣動向領先指標 | 國發會 |
| | 景氣對策綜合判斷分數 | 國發會 |
| 28 日 | 商業動態調查 | 經濟部 |
| 29 日 | 票據交換金額及退票統計 | 中央銀行 |

| 最新統計指標 | | 與上年同期比較 | |
|---|---|---|---|
| 110年1月<br>**每人每月總薪資** | **75,145元** | ▼ | 23.92% |
| 110年2月<br>**出口值** | **277.9億美元** | ▲ | 9.7% |
| 110年2月<br>**進口值** | **232.8億美元** | ▲ | 5.7% |
| 110年2月<br>**消費者物價指數** | **103.57** | ▲ | 1.37% |
| 110年2月<br>**躉售物價指數** | **97.65** | ▼ | 0.35% |

▲ ▼

資料來源：經濟部統計處

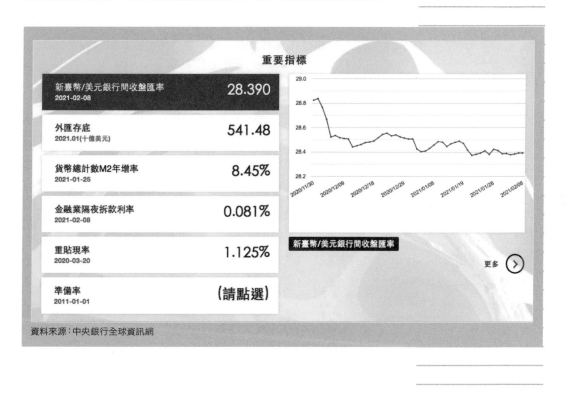

## 重要指標

| 新臺幣/美元銀行間收盤匯率<br>2021-02-08 | 28.390 |
|---|---|
| 外匯存底<br>2021.01(十億美元) | 541.48 |
| 貨幣總計數M2年增率<br>2021-01-25 | 8.45% |
| 金融業隔夜拆款利率<br>2021-02-08 | 0.081% |
| 重貼現率<br>2020-03-20 | 1.125% |
| 準備率<br>2011-01-01 | (請點選) |

新臺幣/美元銀行間收盤匯率

更多 >

資料來源：中央銀行全球資訊網

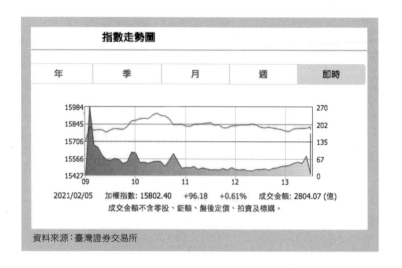

資料來源：臺灣證券交易所

**Q 這些指標在定期公布之後，也一樣會影響市場的走勢嗎？**

**A** 由於 GDP 需要的統計資料較為龐大且繁雜，所以公布的頻率沒有那麼高；然而，投資市場瞬息萬變，就需要較為頻繁的數據輔佐，進而制定投資決策。我們又可以將上述的經濟數據分成四大類：關於製造業經濟活動指標、關於物價水準及民間消費相關指數、關於就業相關數據以及房地產相關數據。而這些數據的公布，不僅會牽動投資人的神經；甚至於還會驚動央行調整貨幣政策，以及政府的財政政策呢！投資人自然也要學會如何解讀這些數據了！

## 製造業經濟活動指標，是景氣榮枯的先行指標

**Q 常常聽到美國股市因為採購經理人指數的數字不佳而下跌，這個數據有那麼重要嗎？**

**A** 美國供應管理協會（Institute for Supply Management，簡稱 ISM）在每個月的月初，都會針對前一個月的商業活動情形，發布兩項非常重要的指標：ISM 製造業採購經理人指數（每月第一個營業日）以及 ISM 非製造業採購經理人指數（每月第三個營業日）。而由該協會發布的採購經理人相關

指數，向來是市場上頗受注目的焦點，主要原因是，這個數據代表著整個經濟體的「活動量」大小。

我們先說明「ISM 非製造業採購經理人指數」，該指數係依據全美 370 位採購與供應主管人員所做的調查問卷編纂而成；而問卷內容又可以再細分為十個小項，分別為商業活動（Business Activity）、新訂單（New Orders）、僱用狀況（Employment）、供應商交貨速度（Supplier Deliveries）、存貨（Inventories）、存貨評估（Inventory Sentiment）、原物料價格（Price）、未完成訂單（Backlog of Orders）、新出口訂單（New Export Orders）和原物料進口（Imports）等。受訪者依照企業當月表現，回答與上月相較之下是好轉、不變或是變差；再將此問卷轉成相當的量表，而成為「ISM 非製造業採購經理人指數」。

一般而言，依據回答彙整後所計算出的數值，將介於 0 到 100 之間。當指數高於 50，表示受訪的經理人中，對未來前景看好的比例較高；低於 50，則顯示對未來前景看壞的比例較高。因此，市場往往把 50 視為經濟榮枯的分水嶺。

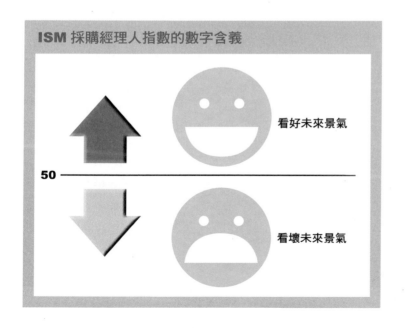

**ISM 採購經理人指數的數字含義**

50

看好未來景氣

看壞未來景氣

相較於「非製造業採購經理人指數」，「製造業採購經理人指數」同樣由美國供應管理協會於每月第一個營業日公布前一個月的數據，也是由一系列的分項指數構成，分別為新訂單（New Orders）、生產（Production）、僱用狀況（Employment）、供應商交貨速度（Supplier Deliveries）、存貨（Inventories）、客戶存貨（Customers' Inventory）、原物料價格（Prices）、未完成訂單（Backlog of Orders）、新出口訂單（New Export Orders）和原物料進口（Imports）。

**ISM 非製造業採購經理人指數及製造業採購經理人指數問卷內容**

| 指數名稱 | ISM 非製造業採購經理人指數 | ISM 製造業採購經理人指數 |
|---|---|---|
| 內容 | 1. 商業活動（Business Activity）<br>2. 新訂單（New Orders）<br>3. 僱用狀況（Employment）<br>4. 供應商交貨速度 （Supplier Deliveries）<br>5. 存貨（Inventories）<br>6. 存貨評估（Inventory Sentiment）<br>7. 原物料價格（Price）<br>8. 未完成訂單（Backlog of Orders）<br>9. 新出口訂單（New Export Orders）<br>10. 原物料進口（Imports） | 1. 新訂單（New Orders）<br>2. 生產（Production）<br>3. 僱用狀況（Employment）<br>4. 供應商交貨速度 （Supplier Deliveries）<br>5. 存貨（Inventories）<br>6. 客戶存貨（Customers' Inventory）<br>7. 原物料價格（Prices）<br>8. 未完成訂單（Backlog of Orders）<br>9. 新出口訂單（New Export Orders）<br>10. 原物料進口（Imports） |

從投資人的觀點來看，此一指數可以說是相當有用的一個先行指標：當指數向上突破 50 的時候，顯示了當時經濟正迅速擴張；而當指標跌破 50 時，則顯示經濟成長已經失去了動力，這個數據一公布，往往會導引市場的資金走向。然而投資人在看到「（非）製造業採購經理人指數」逐月走高，而持續地在股票市場進行加碼之餘，可能也要有通貨膨脹的壓力是否漸漸增加？以及利率是否將逐步走高的心理準備。投資人需關注重要的經濟指標，修正自己的投資策略，以免在將資金持續投注到資本市場的同時，一旦面臨行情反轉，反倒措手不及了。

**Q** 有時候又有採購經理人指數 PMI 數據的公布，這跟上面的 ISM 製造業採購經理人指數有什麼分別嗎？

**A** 如果我們把焦點放在上述十個分項指數中的前五項，並賦予各 20% 的權重，進行一項新的數據統計，便是我們常見的採購經理人指數（Purchasing Managers' Index，PMI）。由於採購經理人指數是每月月初就會先出爐的經濟指標，具有高度的敏感性及重要性，經常被視為重要的領先指標。因為由 PMI 指數的變化趨勢，可以據以預測接下來即將公布的各項經濟指標，而預擬投資策略。一般在歐元區、大陸地區，還有臺灣，多半是採取 PMI 採購經理人指數的。

**觀念速解**

**領先指標**

（Leading indicator）是指能提前反映景氣變動情況的指標，用來預測短期未來景氣變化，領先指標的高峰與谷底會比經濟循環的階段要出現得早，是重要的預測與規劃工具，如：營建或建築許可、新屋開工率等皆屬之。

| 名稱 | 國家或區域 | | 公布單位 | 公布時間 |
|---|---|---|---|---|
| 採購經理人指數（PMI） | 美國 | ISM 製造業採購經理人指數 | 美國供應管理協會（ISM） | 每月的第一個營業日 |
| | | ISM 非製造業採購經理人指數 | | 每月的第三個營業日 |
| | 中國 | 製造業採購經理人指數 | 中國物流與採購聯合會 | 每月月初 |
| | 歐元區 | 製造業採購經理人指數 | 英國 NTC 研究公司 | 每月月初 |
| | | 服務業採購經理人指數 | | |

| 名稱 | 指數由來及重要性 | 判讀方式 |
|---|---|---|
| 採購經理人指數（PMI） | 1. 由調查機構以問卷方式，詢問採購與供應主管人員包含製造業或服務業生產、新訂單、存貨、僱用狀況、原物料價格、客戶存貨、未完成訂單、新出口訂單、原物料進口及供應商交貨速度等綜合性問題，依看好、看壞者比率換算成指數。<br>2. 採購經理人指數的組成項目具有領先的特性，亦可視為領先指標。<br>3. 美國的採購經理人指數，係由美國供應管理協會（ISM）所公布，故名為 ISM 指數。 | 1. 指數 > 50 代表看好者多，景氣處於復甦或擴張期。<br>2. 指數 < 50 代表景氣受挫，可能步入衰退。 |

## 產業別PMI

製造業採購經理人指數(PMI)-(細項指數)

| 年月 | 化學暨生技醫療產業(%) | 電子暨光學產業(%) | 食品暨紡織產業(%) | 基礎原物料產業(%) | 交通工具產業(%) | 電力暨機械設備產業(%) |
|---|---|---|---|---|---|---|
| 2019-12 | 51.5 | 56.6 | 61.4 | 51.3 | 54.4 | 49.5 |
| 2020-01 | 53.6 | 52.2 | 60.0 | 44.9 | 52.1 | 46.0 |
| 2020-02 | 50.7 | 46.3 | 49.4 | 47.1 | 39.0 | 45.8 |
| 2020-03 | 54.1 | 61.5 | 49.6 | 49.3 | 51.0 | 45.6 |
| 2020-04 | 51.6 | 56.8 | 49.0 | 42.0 | 33.9 | 39.5 |
| 2020-05 | 48.2 | 49.5 | 45.2 | 42.2 | 32.6 | 39.1 |
| 2020-06 | 51.1 | 50.4 | 49.7 | 45.7 | 41.9 | 40.2 |
| 2020-07 | 57.1 | 53.2 | 66.9 | 50.7 | 61.4 | 47.3 |
| 2020-08 | 54.5 | 57.8 | 57.4 | 54.9 | 57.9 | 49.2 |
| 2020-09 | 57.8 | 62.4 | 61.0 | 56.9 | 66.1 | 51.0 |
| 2020-10 | 56.5 | 59.5 | 57.2 | 60.2 | 70.5 | 53.1 |
| 2020-11 | 60.7 | 60.2 | 60.4 | 60.4 | 69.2 | 58.8 |

## 產業別NMI

非製造業經理人指數(NMI)-(細項指數)

| 年月 | 住宿餐飲業(%) | 營造暨不動產業(%) | 教育暨專業科學業(%) | 金融保險業(%) | 資訊暨通訊傳播業(%) | 零售業(%) |
|---|---|---|---|---|---|---|
| 2020-01 | 75.0 | 55.8 | 56.5 | 53.5 | 58.7 | 42.7 |
| 2020-02 | 16.1 | 50.9 | 45.4 | 42.9 | 44.8 | 29.5 |
| 2020-03 | 22.7 | 51.7 | 50.0 | 38.5 | 47.5 | 33.8 |
| 2020-04 | 20.5 | 47.3 | 48.1 | 44.8 | 41.9 | 37.3 |
| 2020-05 | 59.7 | 48.5 | 43.8 | 49.3 | 45.8 | 45.3 |
| 2020-06 | 68.8 | 58.8 | 51.5 | 52.6 | 52.9 | 57.7 |
| 2020-07 | 76.3 | 58.0 | 55.6 | 64.1 | 44.8 | 60.6 |
| 2020-08 | 73.6 | 58.5 | 54.7 | 60.3 | 61.7 | 58.2 |
| 2020-09 | 38.6 | 64.1 | 56.6 | 48.5 | 52.5 | 56.9 |
| 2020-10 | 42.9 | 56.8 | 58.9 | 52.1 | 58.8 | 55.0 |
| 2020-11 | 29.8 | 55.8 | 61.7 | 51.9 | 54.4 | 63.7 |

資料來源:國家發展委員會

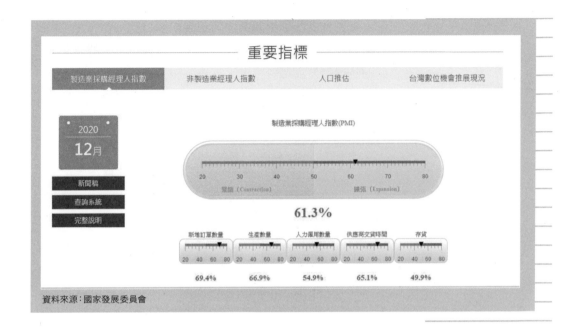

資料來源：國家發展委員會

## 「耐久財訂單數字」預測製造業生產變化和景氣波動的情形

**Q** 聽新聞報導說，<mark>耐久財</mark>訂單數字可以用來預知製造業的生產變化。他們之間又有什麼關係呢？

**A** 「耐久財訂單數字」（Durable Goods Orders），是製造業出貨、存貨及新訂單報告（Manufacturers' Shipment, Inventories and Orders）裡相當重要的一項，被視為是製造業景氣的領先指標。

耐久財訂單數字係由美國商務部轄下之人口調查與統計局（U.S. Census Bureau），依據全美 5000 家大公司以及數萬個生產場所蒐集而來的資料，予以統計分析後，在每個月的 22 日至 25 日公布前一個月的數據。由於製造商在進行生產排程計畫時，必須先有訂單的支持，才能進行後續的備料、製造、運送等一系列的規劃活動，因此，「耐久財訂單」往往被廣泛用來預測製造業生產變化和景氣波動的情形；可

觀念速解

**耐久財**

（Durable Goods）
這裡提到的耐久財，是指不易耗損、使用壽命超過三年以上的財貨，例如國防設備、飛機運輸設備、企業機器設備、汽車以及家電用品等。

是，如果我們仔細檢視其中所包含的項目時，會發現該數據所稱的耐久財，多半屬於超高單價而且性質特殊的產品，例如國防武器及運輸設備等。而會採購這兩種耐久財的買方，絕非一般我們所熟知的廠商或者生產者，而是像政府機構、或是大型的航運公司等。既然如此，我們在解讀該數據時，就要特別注意以下兩項特點：

❶ 數據在公布之後，事後修正的幅度有可能會很大：主要是訂單的修改或取消。這是因為，既然每一筆訂單的金額數字都很大，而且可能多半來自非民間的一般廠商或機構，因此，從決定要買，再到支付貨款這整個週期，就需要經過層層節制，可能審批過程本身就曠日費時，更何況訂單從生產到完成，往往耗時甚久，那就很有可能因為某些突發狀況，像是政府預算審議不及，或是政策改變，不予支持或補貼等，都會造成買方修改訂單或取消訂單的可能。

❷ 數據延續性的問題，很有可能會出現以下情況：其中有某一個月的訂單金額大幅提高，可是往後接連幾個月該數據卻大幅下滑。這樣的情形也不難想見，畢竟國防武器、飛機船舶的功能或技術不會一日千里，因此不需要經常汰舊換新；更何況上述的這些財貨單價都很高，也不是每年都能夠編列足額的預算來採購。因此，就會發

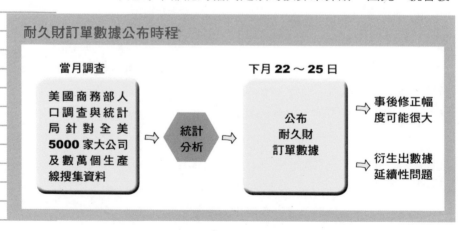

耐久財訂單數據公布時程

當月調查　　　　　　　　　下月 22 ～ 25 日

美國商務部人口調查與統計局針對全美 5000 家大公司及數萬個生產線搜集資料　→　統計分析　→　公布耐久財訂單數據　⇒　事後修正幅度可能很大

⇒　衍生出數據延續性問題

生訂貨數額的趨勢有著巨幅的跳動或落差了。

由於這項數據相當難以預測，而且波動幅度劇烈，因此在公布的時候，常常會出乎市場意料，而造成一些激烈反應。一般而言，超出市場預期的耐久財訂單數字，代表著製造業（特別是重工製造業）表現強勁，很有可能充當產業的火車頭，進而帶動各個次產業的發展，於是對股市而言，自是一項屬於利多的題材。

## 從 B/B 值判斷半導體設備產業景氣良窳

摘錄《經濟日報》2016-04-23 記者謝佳雯／台北報導

國際半導體材料產業協會（SEMI）昨（22）日公布 3 月北美半導體設備製造商訂單出貨值（B/B Ratio）為 1.15，續優於 2 月的 1.05，也是連續四個月站在 1 以上，並創下 2010 年 9 月以來新高紀錄。

**Ⓠ** 有一則「B/B 值報喜，半導體利多」的新聞，這是說，半導體已經「出運」了嗎？

**Ⓐ** 半導體設備訂單出貨比（B/B 值，SEMI Book-to-Bill Ratio）係由「國際半導體設備材料產業協會」每月所公布的數據。之所以採取三個月的移動平均值，主要也是因為半導體的相關設備單價頗高，因此也跟上述的「耐久財訂單數字」一樣，會有每個月的金額波動劇烈的情形，所以採取移動平均數字，較能呈現市場的趨勢走向，而不至於有太大的落差。

B/B 值的編列，係依據北美各半導體設備製造商，在過去三個月所接的「平均訂單金額」，除以過去三個月的「平均設備出貨金額」而得。

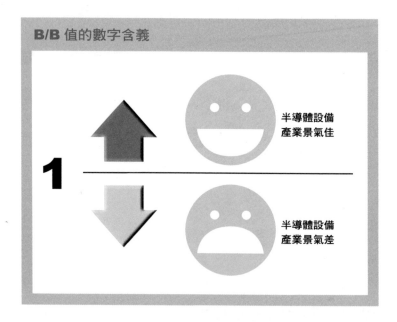

**B/B** 值的數字含義

$$1 \frac{\uparrow}{\downarrow}$$

半導體設備
產業景氣佳

半導體設備
產業景氣差

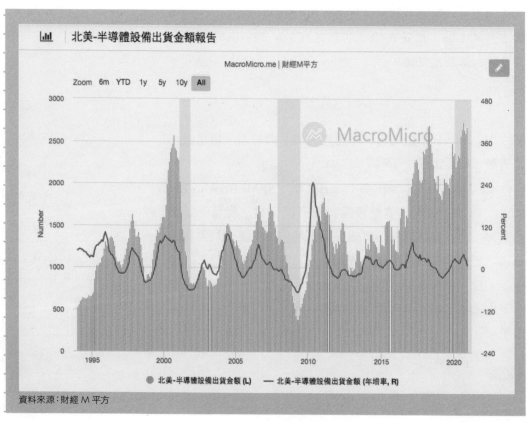

北美-半導體設備出貨金額報告

MacroMicro.me | 財經M平方

Zoom  6m  YTD  1y  5y  10y  All

● 北美-半導體設備出貨金額 (L)　── 北美-半導體設備出貨金額 (年增率, R)

資料來源：財經 M 平方

　　至於該如何解讀此一數據？市場一般的看法是以 B/B 值是否大於 1，作為判斷半導體設備產業景氣良窳的先行指標。如果 B/B 值為 1.1，表示半導體設備製造業者在過去三個月來，一共接獲了 110 美元的訂單，而平均出貨量則為 100 美元。因此，該比值如果大於 1，表示半導體「設備業者」接單狀況良好，呈現出半導體「製造商」持續增加資本設備的投資數額趨勢，這也意味著，半導體「製造商」對未來的景氣看好，因而持續地下訂單。

　　然而該數值畢竟只是個「比值」的概念，也就是一個相對的比較概念而已，並無法顯現出絕對的數額高低。因此，當這個數據公布時，更重要的是，去持續追蹤 B/B 值背後的訂單與出貨金額，才能瞭解市場真正的景氣狀況。

　　因此，儘管當期所公布的 B/B 值大於 1，但訂單與出貨的金額與上一期或往年的同期相比，卻是在相對低點，這也只能說明，近期的半導體製造商正逐步準備增加設備投資，並不能擴大解讀為半導體（設備）市場已然復甦，進而作為投資決策的依據。因為有可能這些訂單，是下游廠商為了確實掌握料源，而對上游廠商重複下單，造成 B/B 值大於 1 的情況，譬如在 2011 年日本的 311 震災之後，就有嚴重的重複下單情況產生。這點倒是在解讀此一數據時，不能不特別注意的。

# 解讀經濟指標，
# 學會預測市場走勢

一般可以將經濟數據分成四大類：關於製造業經濟活動指標、關於物價水準及民間消費相關指數、關於房地產相關數據以及就業相關數據。學會解讀這四大類的經濟數據，將有助於我們預測未來市場的走勢。

單元重點

・觀察「消費者物價指數」，預測央行的貨幣政策走向
・房地產相關統計數據，重要的景氣領先指標之一
・當失業率漸次走高的同時（也就是失業率逐漸惡化時），股市則有可能率先反彈

## 觀察「消費者物價指數」，預測央行的貨幣政策走向

**Q** 除了跟工商服務業有關係的經濟數據之外，又有哪些可能跟民生消費有關的經濟數據，是我們不可以忽視的？

**A** 上次我們提到可以將經濟數據分成四大類：關於製造業經濟活動指標、關於物價水準及民間消費相關指數、關於房地產相關數據以及就業相關數據。接下來，我們就先來看看跟物價水準及民間消費有關的指標數字，應該如何解讀。

　　通常各國政府因為國情的不同，消費者物價指數涵蓋的範圍也會有所差異。以美國為例，「消費者物價指數」涵蓋了房屋支出、食品、交通、醫療、成衣、育樂和其他等七大類，一共有 200 多項。而將此「一籃子」財貨與勞務的價格，依據其所占不同的權重編纂成指數，並與某個基期的物價指數作比較（一樣以百分比變化作為表達形式），從而得出不同期間，物價相對於基期的波動程度，就是「消費者物價指數」。

**觀念速解**

**消費者物價指數**

（Consumer Price Index，CPI）從消費者的立場，去衡量市場上財貨與勞務價格如何變動的一個指標。

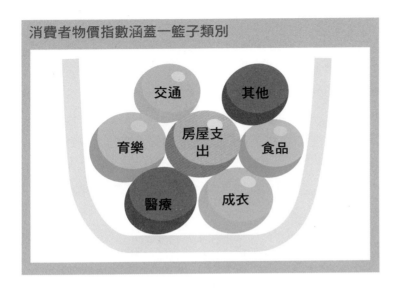

舉例來說，相較於基期的物價指數 100 而言，如果 2019 年物價水準為 125，這意謂著 2019 年此「一籃子」財貨與勞務的價格，總共高於基期水準 25％。因為此一指標涵蓋的標的內容，與民眾的日常生活所需息息相關（多半都是一般家庭日常生活的必需品），因此，該指數的變化程度，成為衡量物價膨脹率高低的主要指標之一。

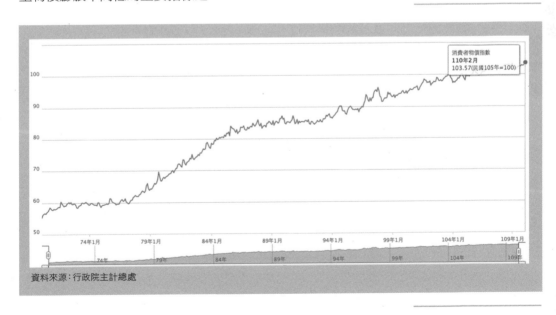

資料來源：行政院主計總處

一般的說法是，如果「消費者物價指數」超過3％的變動幅度，則會被視為是通貨膨脹；一旦超過5％，則會被認為是惡性通膨。至於是3％或5％等區間大小的設定，則會因為不同國家的經濟條件及背景而有所不同。因此，當一個經濟體某一段時間的CPI如果超過3％，可能會引起財金當局高度的注意（例如我國）；而對於部分拉丁美洲的國家而言（例如巴西），3％的CPI可能在容許的範圍之內。這是要提醒讀者注意，在解讀運用CPI時，要記得因時因地制宜。

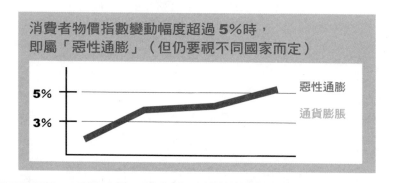

消費者物價指數變動幅度超過**5**％時，
即屬「惡性通膨」（但仍要視不同國家而定）

| 最新統計指標 | |
|---|---|
| 消費者物價指數 (民國105年=100) | 103.11 [ 110年1月 ] |
| 躉售物價指數 (民國105年=100) | 96.05 [ 110年1月 ] |
| 消費者物價指數年增率 (%) | -0.16 [ 110年1月 ] |
| 核心CPI年增率 (%) | 0.07 [ 110年1月 ] |
| 消費者物價指數年增率 (%) | 1.16 [ 110年預測 ] |
| 躉售物價指數年增率 (%) | -2.86 [ 110年1月 ] |

資料來源：行政院主計總處

| 消費者物價指數全年 | | |
|---|---|---|
| 年度 | 中研院經濟所預測 | 主計總處公布實際值 |
| | 前一年12月公佈 | |
| 2009 | 0.17 (2008.12.12 公佈) | -0.87 |
| 2008 | 1.93 (2007.12.14 公佈) | 3.53 |
| 2007 | 1.72 (2006.12.22 公佈) | 1.80 |

資料來源：行政院主計總處

**Q** 如果 CPI 超過央行可容許的範圍，市場將會有怎樣的變化呢？

**A** 如果各項原物料價格持續上漲，會導致消費者物價指數年增率（即今年的「消費者物價指數」較去年同期增加的幅度）走高。因此，從 2009 年下半年以來，國際原油及原物料價格持續走揚，也讓各國的進口成本跟著攀高，進而讓部分國家的 CPI 超出可容許的範圍，而採取升息的政策，其原因就在於此。例如像是帶領全世界走出 2008 年金融海嘯陰霾的中國，就因為「黃小玉長高」（指的是黃豆、小麥、玉米價格不斷地攀高），還有豬肉價格飆漲接近六成，於是從 2010 年下半年就開始一連串的實施貨幣緊縮政策，就是因為 CPI 已經超過它可忍受的區間範圍了。

另外，「消費者物價指數」的重要性，在於可以透過觀察其波動程度的大小，進而瞭解目前投資市場會不會因為處於「通膨隱憂」的階段，面臨貨幣政策主管單位開始採取緊縮貨幣（就是升息）的措施，而讓投資市場的資金轉向。

因為我們知道，全球各國央行的政策目標，大部分都包含了控制通膨、穩定物價這一項；而一旦央行發現「消費者物價指數」的變動太大，勢必會透過「升息」（調高存款準備率或重貼現率等）來導引市場資金回流到銀行體系。這樣一來，投資市場缺乏資金動能，開始反向下跌，也就是預期中的結果了。

## 「消費者信心指數」是經濟強弱溫度計，與景氣好壞有高度相關性

**Q** 有時候會聽到，消費者看好未來經濟的復甦情況，所以信心指數回溫了，這當中有什麼關係嗎？

**A** 「消費者信心指數」（Consumer Confidence Index，CCI）的編制目的，主要是為了瞭解消費者對經濟環境的信心強弱

觀念速解

**消費者
信心指數**

反映消費者信心強弱的指標，將消費者對當前經濟形勢評價和對經濟前景、收入水平、收入預期及消費心理狀態的主觀感受予以綜合反映並量化，預測經濟走勢和消費趨勢的先行指標。

程度；透過抽樣調查，反應消費者對目前與往後六個月的經濟景氣、就業情況與個人財務狀況的感受和看法；也是一項預期未來經濟景氣的重要參考指標。

在各項景氣循環指標當中，消費者信心指數被視為是經濟強弱的溫度計，與景氣好壞有高度的相關性。就以往數據觀察得知，勞動市場的就業情況和股市的表現，對於「消費者信心指數」的變化程度影響最大。舉例而言，在歷經金

**圖1：美國失業率走勢圖（2004/06~2020）**

資料來源：Money DJ 理財網

**圖2：美國消費者信心指數走勢圖（1990~2020）**

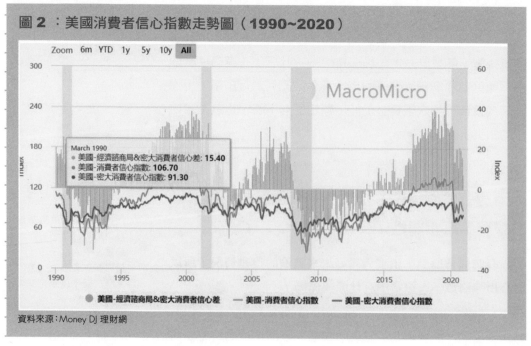

資料來源：Money DJ 理財網

## 圖 3 ：從消費者信心指數可以判斷投資人的投資意願

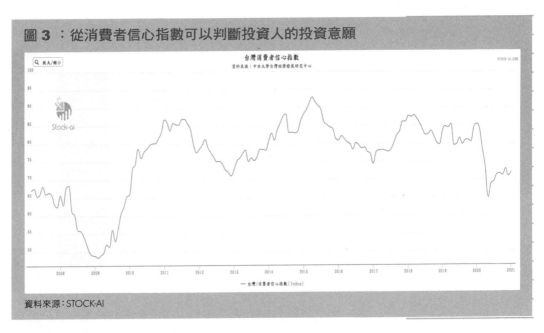

資料來源：STOCK-AI

## 圖 4 ：臺灣消費者信心指數調查報告

消費者信心指數調查報告

十一月份消費者信心指數調查報告

十月份消費者信心指數調查報告

九月份消費者信心指數調查報告

八月份消費者信心指數調查報告

七月份消費者信心指數調查報告

六月份消費者信心指數調查報告

五月份消費者信心指數調查報告

四月份消費者信心指數調查報告

三月份消費者信心指數調查報告

二月份消費者信心指數調查報告

一月份消費者信心指數調查報告

資料來源：Money DJ 理財網

融海嘯的衝擊前後，我們觀察到美國的失業率（如第48頁圖1）跟消費者信心指數（第48頁圖2）的變化趨勢，呈現極度的負相關，也就是失業率愈高，消費者信心指數愈低的情況。例如在2007年底金融海嘯發生前，美國的失業率大概在5％左右，之後因為金融海嘯的衝擊，造成百年難得一見的蕭條景況。在企業因為不景氣，宣告倒閉的家數節節上升的同時，失業率也逐月上升，一直到2009年底攀升至10.2％的26年來的新高水準。

　　同期間消費者信心指數變化，也是從2007年底開始每況愈下，至2009年挫跌至25.3的新低水位。此後，隨著景氣逐漸的復甦，消費者信心指數也緩慢地上升，失業率也才慢慢地下降。因此，當美國的「密西根大學消費者信心指數」上揚，代表消費者有較強烈購買商品或服務的意願，有利於經濟的復甦與擴張；倘若密西根大學消費者信心指數下滑，代表著終端消費意願薄弱，經濟趨緩的可能性就因此而提高了。

　　至於在臺灣的消費者信心指數統計資料，目前是由中央大學臺灣經濟發展研究中心仿效密西根大學的做法，在每個月的月底左右提出，對於景氣的預估，一樣有類似的效果。例如在第48頁圖3中，我們可以看到2008年到2009年間，臺灣消費者信心指數在相對低點，反映出來的是，當時投資股票的信心也是最脆弱的。


## 房地產相關統計數據，重要的景氣領先指標之一

**Q** 消費者信心指數不佳，除了股市不好之外，房市應該也不會好吧？

**A** 沒錯！由於房屋的單價金額向來龐大，一般民眾在決定是否買房時，往往會審慎考慮未來的景氣狀況，以及自身能力（即估算未來自己的現金流入跟流出狀況，是否能支應長達數年的房屋貸款支出，而這又牽涉到就業情況的問題

了！），因此，房地產相關統計數據，常被視為重要的景氣領先指標。

### Q 房地產相關數據也有分很多種嗎？

A 關於房地產相關重要的指標，可以按照蓋房子的程序分成：營建或建築許可、新屋開工、新屋銷售、成屋銷售等數據，以下我們也將一一說明。

「營建或建築許可」（Building permits）是建商在房屋開工前，必須取得政府有關部門的許可執照，才可以正式動工興建房屋。這項資料由各發照單位統計，並由美國商務部於每月 16 日公布上個月的統計資料，是一項很重要的經濟領先指標。

營建或建築許可的減少，多半起因於建商向主管機關申請的案件減少，較少是因為政府機構不予核准的。這主要有兩種原因造成：一為過去數個月來，市場上的新屋建築數量過多，以至於有過多的庫存餘屋尚未消化售出，為了避免房屋市場有超額供給，影響房市價格，所以推案建商就「暫時」減少向主管機關遞件申請；至於這「暫時」會歷時多久？那還得觀察房市供需狀況而定。

另一個原因，則可能是因為建商對於未來景氣持保留態度，於是紛紛減少建案的推出。這個原因還跟建案的推

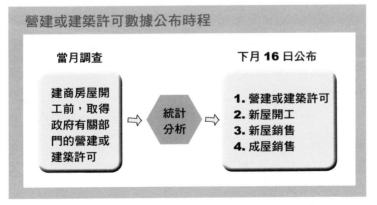

營建或建築許可數據公布時程

| 當月調查 | | 下月 16 日公布 |
|---|---|---|
| 建商房屋開工前，取得政府有關部門的營建或建築許可 | 統計分析 | 1. 營建或建築許可<br>2. 新屋開工<br>3. 新屋銷售<br>4. 成屋銷售 |

出流程有關，由於建商的建案申請，一旦獲得主管機關的許可證之後，通常需要在若干個月之後（約三到四個月）實際開工興建，而如果建商普遍看淡未來的房市景氣，自然就不會遞件申請、推出建案，因而「營建或建築許可」這項統計數字就會減少了。

因為上述這些緣故，市場上的分析師便把「營建或建築許可」該項數據，視為預測房市景氣榮枯的一項重要指標。因此，當官方公布「營建或建築許可」的數據減少時（跟前一期或去年同一期相比），代表的是對於房地產市場發出的一項警訊；接著，更可以由此推論出，市場投資人將普遍對於未來經濟景氣抱持不甚樂觀的看法，自然對於相關投資也得保守以對了。

**Q** 如果「營建或建築許可」的申請數字增加，就代表經濟情況變好了嗎？

**A** 雖然這項數字增加的確代表建商對於未來景氣較有把握；但是，最終能顯現建商的確看好景氣，得要看「新屋開工率」（Housing Start）。因為蓋好一棟房子通常要數年，如果建商對於未來景氣沒有那麼看好的話，他們寧可讓「營建或建築許可」證過期，也不願意貿然開工，以免蓋好房子後，沒有人買而變成蚊子館。因此，如果「新屋開工率」穩健增加，代表景氣的春燕現蹤了；而這項指標是由美國商務部於每個月的 16 日至 19 日間公布統計結果，是一項市場相當重視的領先指標。此外，還得注意的是，房屋能否開工興建，氣候是一項很大的影響因素，一般建商都會選在氣候較為適宜的春秋兩季動工；而在嚴寒的冬季期間，由於冰天雪地的天候情況不利於施工；因此，在冬天時，該統計數據可能會大幅下降，在分析解讀上，就需特別注意季節因素所造成的劇烈波動（這就好比一般產業界的淡季跟旺季之分），以免誤判情勢的變化。

觀念速解

**新屋開工率**

（Housing Start）
新屋興建分為個別住屋與群體住屋兩種，個別住屋開始興建時，一戶的基數是 1，一棟百戶的公寓開始興建時，其基數為 100，依此計算出新屋開工率。在西方國家，新屋開工和營建許可是建築類指標中較為重要的兩個數據。

觀念速解

**春燕現蹤**

用燕子「秋去春來」的特性，比喻景氣的盛衰。看到燕子，春天就不遠了，代表景氣將開始復甦。

**美新屋開工創2006年來新高！營建股和ETF應聲上漲**

2021/01/22 10:21 　　　　　　　　　回應(0) 人氣(324) 收藏(0)

MoneyDJ新聞 2021-01-22 10:21:36 記者 李彥瑾 報導

受惠房貸利率徘徊在歷史低點，美國房市買氣持續火熱。根據美國商務部的最新數據，2020年12月，美國新屋開工量(Housing Start)和住宅興建許可(Building Permit)創下2006年以來新高，超越市場預期，顯示房市行情仍處於高檔水準，相關個股和ETF也應聲上漲。

路透社、《Barron's》等外媒報導，據美國商務部週四(21)公佈，12月美國新屋開工量較11月增加5.8%，經季節因素調整後的年成長率為166.9萬戶，高於FactSet共識預期的155.8萬戶，住宅興建許可則月增4.5%至170.9萬戶，亦優於市場預期的160萬戶。兩者均創下2006年中旬以來新高。

資料來源：MoneyDJ 新聞

**Q 那麼當房子蓋好之後，銷售情況好壞是不是跟景氣也有關係？**

A 沒錯！當房子蓋好之後，銷售情形也是投資人該關注的重點。房屋銷售的統計資料，可分為「新屋」以及「成屋」銷售兩部分。一般而言，「成屋銷售」所占的比重最大，大約八成左右；「新屋銷售」則不到兩成。然而二者間對於整體經濟的影響程度，卻剛好與其銷售占比相反。主要原因在於，新屋的銷售可以引發較多對於工人及原物料的需求；而這一部分，對於當年度的 GDP 及 GNP 值是有貢獻的。

然而，成屋銷售卻僅能視為房屋所有權的移轉而已，因此對於經濟景氣的貢獻與影響，就沒有那麼直接了，這也是為何一般的產業分析師會比較重視新屋的銷售數字了。觀察成屋銷售的情況，可以推估出購屋者對於本身工作收入的穩

定性、現金流入狀況，以及對於未來景氣的看法是什麼。

因此，「成屋銷售數據」的好壞，對於金融市場具有相當程度的影響力，這包括房屋貸款，以及跟房屋相關的營建公司股價等。它也同時被視為是觀察短期與房屋相關商品支出，以及總體消費者支出的重要參考指標；至於「新屋銷售數據」，則是每個月由美國商務部根據各建商提供的銷售合約所統計出來的，並定期於月底公布。新屋銷售數據對於指標利率變化的敏感度相當高：當市場指標利率較低時，由於所需付出給銀行的利息較低，所以對於購屋的需求會相形較為熱絡。

## 景氣循環與最適投資工具

通膨壓力

**擴張期** **高原期**

**衰退期** **復甦期**

緊縮壓力

經濟蕭條

**貨幣現金**

經濟未起色而陷入蕭條甚至通貨緊縮時，股票與房地產進入U型底，債券也因倒帳風險增加難獲利。

**股票**

經濟由谷底回升，企業獲利增加，設備利用率上升而通膨壓力未顯現，利率仍持穩時，為股市最佳表現時段。

**房地產黃金**

資源被完全利用，需求導致工資或產品價格上升，通貨膨脹壓力顯現，此時保值的商品最具升值潛力。

**債券**

企業獲利下滑，股票步入空頭市場，房地產需求減少進入盤整，政府降低利率刺激景氣，長期債券價格上升。

　　而不管是新屋還是成屋銷售數據，還可以搭配景氣循環一併解讀。

　　通常在景氣循環的谷底，房屋銷售量往往會出現止跌回升，這代表景氣狀況好轉，股市也將有正面反應；相反地，在景氣循環高峰時期，雖然房屋銷售量仍有可能處於高檔，甚至屢創新高，但此時宜居高思危，反倒須注意各國央行或美國的聯準會（大多數國家的貨幣政策會參考美國的升降息決策來修正訂定），是否會以升息來抑制過熱的景氣；果如其然，這些購屋者勢必會面臨較高的利息資金成本，也終將抑制房屋的需求量。甚至於有些房屋投機客，會因為房貸息超乎負擔，而有一波房屋拋售潮；這時候，反倒會讓房屋市場提早看見「熊蹤」，那後續對金融市場所帶來的負面影響，也就可想而知了。

觀念速解

熊蹤

投資市場常以「熊市」來形容股市呈現空頭、低迷的狀態。有說法是熊在攻擊時會往下撲，代表股市是往下降；另一說法是當股票市場不熱絡時，沒什麼公告牌，稱之為「bare」，與「熊」諧音。通常股價跌幅超過 20% 會被稱為「熊市」，和它對應的則是「牛市」。

## 就業報告──連 Fed 升降息都要參考的數字

**Q** 美國從 2008 年金融海嘯之後，就把利率調降到接近於零的水準，而如果 Fed 要升息，竟然也要關注失業率的情況嗎？

**A** 的確是！因為有關就業相關數據，向來都是市場分析師及經濟學家關注的焦點，原因在於就業報告包含的項目，足以提供給分析師預測各項經濟指標將會如何表現的豐富資訊。在美國，由於每月初就會公布就業報告的相關數字，因此，常被各界用來預測當月接下來即將公布的各項指標會是如何表現。

　　而有關「初次申領失業救濟金人數」（Initial Claims）的統計，是一項每個星期都會公布的資料，係由美國勞工部於每週四定期發布。該數據直接說明美國國內目前勞動市場的就業狀況；當該項人數增加，代表了過去一星期，在各產業中，被解僱的人數增加。這可能是因為產業前景發生了變

## 初次申領失業救濟金人數數據公布時程

**當月調查**

美國勞工部針對「申請失業救濟金」的失業勞工進行調查。 ⇨

**統計分析** ⇨

**當週四公布**

公布初次申請失業救濟金人數數據

⇨ 較上期增加：就業市場景氣不佳

⇨ 較上期減少：就業市場景氣好轉

化，資方看淡未來，於是陸續裁減或關閉生產線，而再也不需要這麼多的勞工，因此，該項人數會增加；而其另一層的意義是，在近期的未來，由於景氣降溫，企業的勞動需求減少，職缺也跟著減少的情況之下，尋找工作的難度將大幅增加。而當失業的人數增加，自然會影響個人或家戶的可支配所得，因為沒有了工作，就少了收入來源，接下來，自然會影響消費或投資的意願。

至於投資人要如何解讀「初次申領失業救濟金人數」的統計結果呢？一般在景氣好時，這個數據自然較少，而在景氣較差時，申請失業救濟金的人數自然上揚。根據美國勞工統計局過去四十多年來，就初次申領失業救濟金人數所做的統計，從景氣復甦到擴張的階段，大致上介於 30 萬至 40 萬人次之間。

一旦景氣開始步入衰退，此救濟金的請領人數立即往上竄升，甚至在較長的景氣收縮期，初次申領失業救濟金人數更可能衝高至 50 萬至 70 萬人次之間。而因為該資料係每週都會統計公布，對於反映景氣的變化比較及時，因此，我們可以從每週公布的「初次申領失業救濟金人數」趨勢變化當中，約略瞭解景氣在榮枯之間變換的情形。

## 美上週失業金初領數幾乎不變 維持約 79 萬人

鉅亨網編譯林蕙禎 2021/01/07 21:48

川普政府上月底簽署新一輪紓困法案,延長每週 300 美元失業津貼的補助期限後,美國勞工部週四 (7 日) 發布今年首次失業金報告,上週初領失業金人數約 79 萬人,略優於預期,且幾乎持平前值。

勞工部報告顯示,截至 1 月 2 日當週,美國初領失業金人數報 78.7 萬人,略優於預期的 80 萬人,前值自 78.7 萬人微幅調升至 79 萬人。雖然初領數為連續第三週下滑,就業市場的反彈力道仍舊疲軟。

資料來源:《鉅亨網》

## 「非農就業報告」的變化,與美國景氣息息相關

**Q 美國還有一個就業數字:非農就業人口數,也是全球矚目的焦點,它有什麼特色嗎?**

**A** 想要瞭解就業市場的變化,除了前面「初次申領失業救濟金人數」之外,「非農就業人數」的統計數據,也是觀察家或分析師想要明瞭市場上關於就業以及景氣變化另一項非常重要的報告。

　　美國是一個工商服務業發達的國家,因此,「非農就業報告」的變化自然會與美國景氣息息相關。這是一項有關民間的就業統計數據,分析師們常用該數據的趨勢變化情形,來判斷目前經濟狀況和就業市場的好壞程度。我們觀察美國勞工部過往之統計資料可以知道,在 2008 年金融海嘯剛發生時,就業人口就開始急遽縮減;這種趨勢一直持續著,並於 2009 年年初達到高峰。而隨著美國陸續出臺的各種財政政策(例如減稅及擴大政府支出等)及貨幣政策(例如調降利率到接近於零,以及史無前例的兩次量化寬鬆政策,釋

**觀念速解**

**量化寬鬆**

(Quantitative easing,簡稱 QE) 是一種貨幣政策,由官方貨幣管理機構(如中央銀行)操作,靠印製更多鈔票並通過公開市場購買證券、債券等,目的是降低利率和增加貨幣供應量,以達重振經濟的效果。

出 2 兆美元以上），讓美國金融市場逐漸恢復秩序，也因此使得股市逐漸走出金融海嘯的衝擊，於 2009 年第二季開始展開反彈之後，就業人口的變化率便沒有那麼激烈。因此，我們在閱讀此報告時，通常可以藉此看出整體就業市場的變化，並可從中發現未來經濟狀況發展的端倪。

## 「失業率」是一項經濟的「落後指標」

**Q** 那麼失業率又是如何統計出來的？

**A** 「失業率」（Unemployment Rate）的定義，指的是失業人數占勞動力之比率，也就是由「失業人數」除以「勞動力」所得出來的。根據國際勞工組織（ILO）之規定，一般 15 足歲以上的人口分為民間人口〔勞動力（labor force）、非勞動力（non-labor force）〕與武裝勞動力（現役軍人）及監管人口。而其中勞動力又可分為：

❶ 就業者（employment）：指年滿 15 歲，擁有一份有酬工作，或在自家事業從事 15 小時以上的無酬工作。

❷ 失業者（unemployment）：指具有工作能力及工作意願，並積極找尋工作，但目前卻未獲得任何工作機會；此外，也包括等待恢復工作，或找到職業而未開始工作、目前也無報酬者。我國勞動力與非勞動力的定義與此相仿，

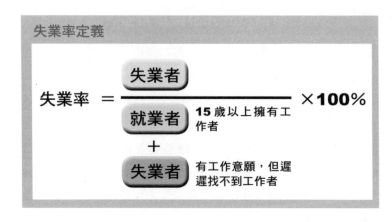

失業率定義

$$失業率 = \frac{失業者}{就業者 + 失業者} \times 100\%$$

就業者：15 歲以上擁有工作者

失業者：有工作意願，但遲遲找不到工作者

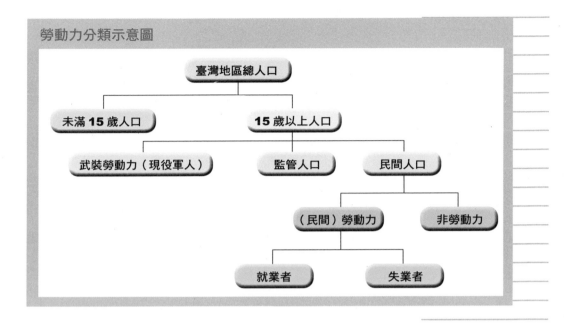

勞動力分類示意圖

可以參考行政院主計總處統計專區上面的解釋。

因此，失業率的公式為：

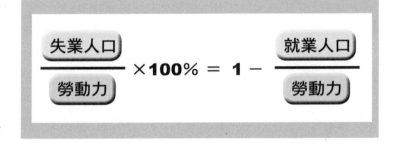

關於該數據的應用解讀，我們得先要瞭解，「失業率」是一項經濟的「落後指標」，因為僱用或解僱員工通常需要耗費一定的成本（僱用員工包括提供教育訓練、提撥退休金等成本；而解僱員工，需要支付遣散費或離職金，甚至於還得負擔或有的不當解僱等訴訟成本）。因此，企業主在面臨景氣變化時，通常不會馬上調整僱用員工數，而是會等到景氣相當確立（不管是復甦或衰退）之後，才會裁員或增聘員

落後指標

（Lagging indicator）
能真實反應先前經濟情況的指標，當落後指標到達景氣循環高峰的轉折點時，表示真實的經濟活動已經跨過尖峰，邁入景氣下降階段，表示經濟已開始復甦，如失業率即屬之。

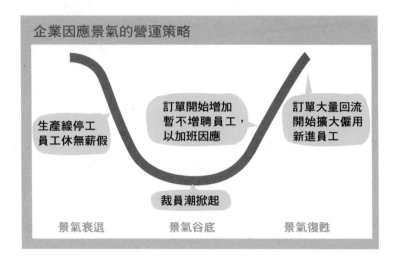

**企業因應景氣的營運策略**

訂單開始增加
暫不增聘員工，
以加班因應

訂單大量回流
開始擴大僱用
新進員工

生產線停工
員工休無薪假

裁員潮掀起

景氣衰退　　　　　　景氣谷底　　　　　　景氣復甦

工。例如當企業在景氣初露疲態、步入衰退時，通常會先以縮減工時來加以因應，這就是在 2008 年底金融海嘯剛發生沒多久，各行各業的勞工都被迫休「無薪假」的原因；而 2015 年底至 2016 年初，臺灣也有廠商休無薪假，也是基於短期不景氣的因應措施。

　　而企業會一直等到景氣狀況愈趨衰頹、庫存愈來愈多、訂單始終未見起色、部分生產線停工以及休「無薪假」仍無法度過難關時，企業雇主才會開始考慮裁員。同樣道理，當景氣開始復甦好轉時，企業也不會馬上增聘員工，而會先以增加工時的方式因應（也就是要員工先行加班）；最後等到景氣確定復甦了，訂單開始回溫，又要加開生產線了，才會考慮擴大僱用新進員工。

**⒬ 那我們可以從失業率的數字，解讀股市的未來走勢嗎？**

**Ⓐ** 失業率與股市有何相關性呢？一般的結論是：股市剛開始下跌時，通常伴隨著失業率走揚的初升段；而當失業率漸次走高的同時（也就是失業率逐漸惡化時），股市則有可能率先反彈。最後，當失業率由高點逐漸回落、在市場確認失業率的下降成為長期趨勢之後，股市便有機會邁入主升段。

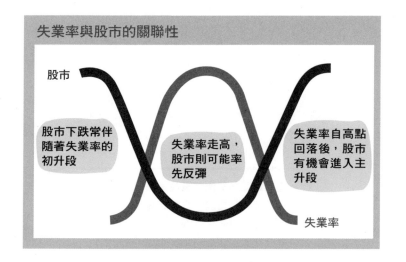

我們可以美國這個全球最重要的經濟體來說明。在統計就業等相關數據時，其中有一個環節，我們得要特別說明的是，它有含括美國最重要的一般家庭收入情況；而家庭收入的高低，又攸關民眾的消費力道。

我們知道，在美國的 GDP 各組成部門中，消費一向占有舉足輕重的地位，其總額約當占整個 GDP 值的七成；因此，如果想要提升 GDP 成長率，最有效率的方法自然是提高民間的消費力道。而歷史經驗一再顯示，每當國民就業情況改善、失業率降低、人民有固定的收入來源，也有較高的可支配所得，當然會更勇於消費，國內消費總額也隨之提高；接著便會帶動其他各部門，例如投資部門、貿易部門的成長，最後便是整個國家的 GDP 大幅度的成長，自然而然，股市也會有所表現了。

# 政府救市的兩帖藥方：
# 財政政策及貨幣政策

為達到不同的經濟目標（例如降低失業率、達成 GDP 某一定的成長率、或是維持物價穩定等），財政政策與貨幣政策往往是政府可以善加利用的兩項工具。觀察財政政策及貨幣政策的動向，有助於洞悉景氣的轉折情形。

・財政政策、貨幣政策及金融情勢之間的關係
・瞭解貨幣政策的工具有哪些
・解讀央行升降息：利率、貼現率、重貼現率及聯邦基金利率之間的差別

## 財政政策、貨幣政策及金融情勢之間的關係

**Q 我們前面學了很多重要的經濟指標，如果這些指標或數據表現不如預期的話，政府會如何應變呢？**

**A** 對各個國家而言，為達到不同的經濟目標（例如降低失業率、達成 GDP 某一定的成長率、或是維持物價穩定等），財政政策及貨幣政策往往是政府可以善加利用的兩項工具。就大多數國家而言，財政政策大體上是藉由擴大或減少政府支出，和增加或減少課稅，來影響國內經濟活動的熱絡程度，甚至於就業水準等目標；至於貨幣政策，通常由各國的央行主導，在美國則由聯邦準備系統來主導。美國的貨幣政策－升息或降息，一向動見觀瞻，所以，我們得要特別留意美國聯邦準備理事會（Fed，簡稱「聯準會」，好比是美國的中央銀行）的動向。

一般來說，聯邦準備系統有三種工具來達到貨幣政策目標，分別為公開市場操作、調整重貼現率及存款準備率。而聯邦公開市場委員會（FOMC）負責公開市場操作，聯準會則負責後兩者。

**觀念速解**

**財政政策**

指政府利用財政預算，透過擴大或削減稅收、融資債務，以及財政開支，像是用於投資到公共建設等開支項目的變化，來刺激或減緩經濟增長，以達到某些總體經濟目標的方法，稱為財政政策。

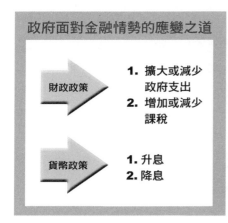

政府面對金融情勢的應變之道

財政政策 → 1. 擴大或減少政府支出
2. 增加或減少課稅

貨幣政策 → 1. 升息
2. 降息

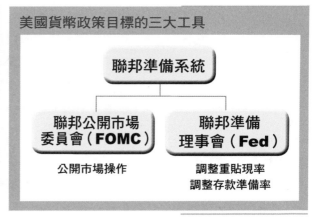

美國貨幣政策目標的三大工具

聯邦準備系統

聯邦公開市場委員會（FOMC）
公開市場操作

聯邦準備理事會（Fed）
調整重貼現率
調整存款準備率

**Q 政府會如何運用財政政策來影響經濟呢？**

**A** 我們可以用一個例子來說明政府如何運用財政政策來影響總體經濟。當 GDP 表現不如預期時，政府就可以利用擴大政府的財政支出，或者利用減稅的手段，提高民眾的可支配所得，促進消費來刺激總產出，這個過程，稱為「擴張性的財政政策」；相反地，當景氣過熱，或者 GDP 超乎預期時，就可以減少政府支出或增加稅賦（以減少民眾的可支配所得）來降低總需求，這就是「緊縮性的財政政策」。

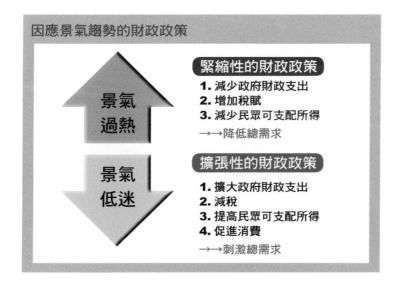

因應景氣趨勢的財政政策

景氣過熱

**緊縮性的財政政策**
1. 減少政府財政支出
2. 增加稅賦
3. 減少民眾可支配所得
→→降低總需求

景氣低迷

**擴張性的財政政策**
1. 擴大政府財政支出
2. 減稅
3. 提高民眾可支配所得
4. 促進消費
→→刺激總需求

透過政府擴大／縮減財政支出，或加／減稅的方式，可以很明顯地為經濟體帶來較為實質可見的影響；但由於政府支出或增加某些稅負，需要經過民意機構的把關，因此通常曠日費時，不容易在剛意會到經濟狀況有較大變化時，就予以出手影響經濟體，這種缺乏立竿見影成效的特色，是財政政策較令人詬病的地方。

**Q 那麼貨幣政策又是如何影響經濟的？**

**A** 由於貨幣政策的施行與調整，通常只要中央銀行（或者是貨幣政策主管機構）召開理監事會議，達到共識之後，就可以公布實施，而不用再經過層層的節制與控管，因此，能夠更即時地呼應經濟情勢的變化，這是貨幣政策的優點。然而也正因為即時因應的特色，有時候下手的輕重程度（指升降息的幅度，就是幾「碼」，一碼是 0.25%），就難以拿捏得精準。因此，通常央行或貨幣主管機構都會採取漸進式的調整措施。

財政政策與貨幣政策，是政府控制與因應經濟變化最重要的兩個總體經濟調控工具。在我國，財政政策的主導權在行政院，貨幣政策的主導權則在中央銀行。

## 瞭解貨幣政策的工具有哪些？

**Q 什麼是央行的公開市場操作呢？**

**A** 當中央銀行認為市場資金過剩或是景氣過熱，想要採行緊縮性的貨幣政策時，通常會透過公開市場賣出有價證券或是發行定期存單給銀行。這時候，銀行在央行的存款部位將因而減少，代表其準備金也等額降低；如此將削弱銀行創造信用（也就是放貸）的能力，進而貨幣供給額的成長也將受到抑制；相反地，如果中央銀行想要提振景氣，則可以透過

公開市場買進銀行持有央行認可之有價證券，將錢釋放出來，達成寬鬆市場資金的目的。央行實施公開市場操作可以持續且微量地進行，具有相當的彈性。

 解讀央行升降息：包括利率（Interest rate）、貼現率（Discount Rate）及重貼現率（Rediscount Rate）

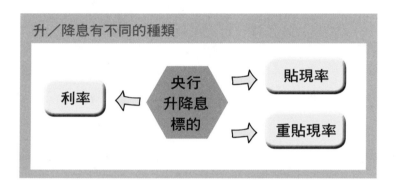

升／降息有不同的種類

**Q 那麼央行什麼時候會升／降息？**

**A** 除了公開市場操作之外，央行還可以藉由升／降息來影響整體經濟體的運行。然而升／降息中的「息」，可不只是單純的「利率」一個項目，就可以輕鬆帶過。央行這項調整「息」的法寶，也蘊藏了許多央行對於經濟體後市展望的看法。在解讀央行的貨幣政策走向，除了需要注意央行召開理監事會議之後的會後聲明，還得要觀察央行是升／降哪一種「息」。

**Q 升／降息還有分不同的種類嗎？**

**A** 我們可以先解釋利率的意義。基本上，利息或利率的意義，其實就是貨幣的價格，是由貨幣的供給量和需求量決定的。當貨幣市場上貨幣的供給量大於需求量，利率就會下降；而當貨幣市場上的需求量大於供給量時，利率就會上升。

貨幣供給量＞需求量→利率↓
貨幣需求量＞供給量→利率↑

　　例如前幾年，當金融海嘯發生時，大家的投資和消費意願都很低落，不太願意花錢（可能因為休無薪假收入銳減，或失業沒有收入而不敢花錢），也不太願意借錢（例如企業的貨物都賣不出去，不敢再借錢投資購買機器設備，或者擴充廠房），那就表示對貨幣的需求很低。既然大家都不願意花錢，那麼就會把較多的錢存在金融機構，於是就造成貨幣供給額增加。依照一般經濟學的供需原理，當貨幣的供給量大於需求量時，利率就會下降；反之，利率就會上升。

## 解讀央行升降息：利率、貼現率、重貼現率及聯邦基金利率之間的差別

**Q** 之前我國的央行有調降「重貼現率」，這也算降息的一種嗎？

**A** 沒錯。在說明「重貼現率」之前，我們先來講解，什麼是「貼現率」。貼現率其實是利率的一種，但是它會用在某些較為特殊的場合，例如俗稱的票據貼現（票貼），指的是客戶拿尚未到期的應收票據到銀行周轉現金的過程，銀行會將票據面額預先扣除掉利息（因為票據尚未到期，所以無法將這張票據兌現；因此，銀行會計算票據貼現日到票據到期日之間的利息），再將餘額給客戶的過程，就是票據貼現，而用以計算利息的利率就是貼現率。

　　舉例而言：假設貼現率及利率都是 6％，今天你拿一張支票當質押，要跟銀行借 100 萬元，言明一年後要還（或者是一年後支票才到期），其中，銀行要求 20％ 的補償餘額，簡言之，就是要把借款中的 20 萬元存入客戶在銀行的戶頭，不得動用，還要先給銀行 6 萬元當貼現息。所以，客戶一開

觀念速解

**貼現率**

又稱門檻比率，是一種基本貨幣政策工具。指銀行辦理票據貼現業務時，因票據尚未到期，須向票據貼現者按一定利率收取利息，該計算利率即為貼現率。

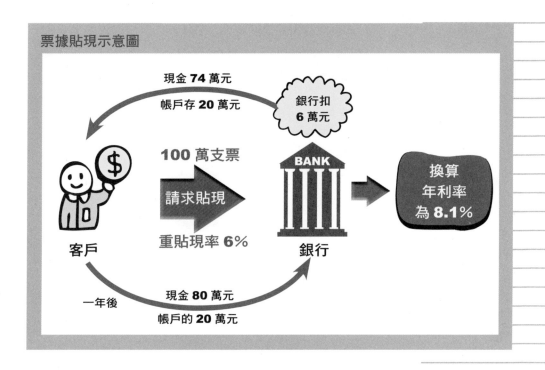

**票據貼現示意圖**

現金 74 萬元
帳戶存 20 萬元
銀行扣 6 萬元

100 萬支票
**請求貼現**
重貼現率 6%

BANK
銀行

換算年利率為 8.1%

客戶

一年後
現金 80 萬元
帳戶的 20 萬元

始只有拿到 74 萬。而一年後到期，要還給銀行 80 萬（再加上之前存在銀行的 20 萬元，就是 100 萬元），那實際負擔的年利率是多少呢？換算後大約是 8.1％，而不是前面所提的 6％。因此，我們瞭解到，貼現率只不過是我們在計算貼現息時的計算標準而已，實際上客戶「貼息取現」的利率，會高於揭示的貼現率的。

至於重貼現率的意義則是：當銀行資金短缺時，可以透過銀行與銀行間的同業拆款，以取得足額的法定準備金。然而當此方式仍然拆借不到足額的資金時，央行開放的貼現窗口，讓銀行以持有的銀行承兌匯票、商業承兌匯票或商業本票等央行所認可的票據，向央行申請貼現以取得資金，所適用的利率，稱為重貼現率。

觀念速解

**重貼現率**

當銀行資金短缺，再拿著客戶貼現的票據去向中央銀行融通借款時，該動作就是「重貼現」，而這時支付利息的利率就是重貼現率。

**Q** 那麼央行調降重貼現率，有什麼特別的意義嗎？

**A** 重貼現率是央行融通利率之一，由央行衡量國內外經濟情況而訂定。央行若調整重貼現率，則具有宣示央行貨幣政策方向，及導引市場利率上升或下降作用，是重大貨幣政策之一。當市面上流通的資金過多時，中央銀行會提高重貼現率，以促進市場利率調升；反之，則降低重貼現率，導引市場利率下跌。

　　觀察央行對於重貼現率的態度，是預測市場利率最好的先行指標。如果央行調降重貼現率，表示其貨幣政策趨於寬鬆；不過，通常重貼現率的調整僅有宣示效果，對金融市場較無實質的影響。原因在於，重貼現率影響的，主要在於「票據貼現」這一個環節；如果持有票據，再去要求金融機構貼現者的百分比並不多的話，那麼央行調整重貼現率真正所能影響的層面，就不至於太廣。因此，面對央行調升／降重貼現率的決策，不在於調升／降幾碼（一碼等於 0.25％），最主要的，是在於觀察央行對於貨幣市場供需狀況的一個鬆緊態度而已。

**INFO 升（降）息一碼？半碼？**

在貨幣金融市場上，常常會聽到「升（降）息一碼（半碼）」，其中的「碼」是利率的專門用語，即一碼等於 0.25％，半碼則為 0.125％。

**重貼現率 VS. 同業拆款利率**

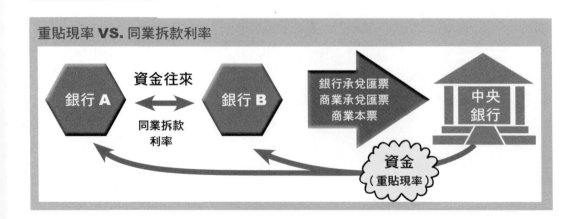

### 央行降息 1 碼利率 1.125% 跌破彭淮南時期金融海嘯低點

最新更新：2020/03/19 19:58

（中央社記者潘姿羽台北 19 日電）中央銀行第 1 季理監事會會議結果出爐，由於武漢肺炎對全球經濟的衝擊遠超預期，央行估今年經濟成長率不保 2，因此價量雙管齊下，不只大動作降息 1 碼，重貼現率來到 1.125%，創下歷史新低，且透過定存單的操作，增加市場流動性。

中央銀行理監事聯席會議今天決議，重貼現率、擔保放款融通利率及短期融通利率各調降 1 碼（0.25 個百分點），分別為年息 1.125%、1.5% 及 3.375%，3 月 20 日起實施；由於疫情嚴峻，利率一舉降至 1.125%，突破前央行總裁彭淮南時期、金融海嘯的最低紀錄。

資料來源：中央社

**Ｑ** 有時候會聽到中國人民銀行「降準」，這又是什麼意思？

**Ａ**「降準」指的就是調降法定「存款準備率」的意思。制定這個比率的用意，主要是為了因應存款戶隨時可能會來提款，因此，銀行不能夠把所有存款戶的存款都拿來放貸或投資，必須至少留一定的比率放在銀行，這個比率就是「存款準備率」。而這個比率，會因為「存款科目」的不同，會有不同的百分比。比方說，「定期存款」與「活期存款」適用的「存款準備率」就不一樣，原因便在於，存「定期存款」的存戶應該會比放「活期存款」的存戶提款頻率低（正常情況下，定期存款戶會放到定存到期才會解約提領），所以，銀行對於收進來的定期存款，可以留下較少比率的額度在金庫裡，其他有較多的部分可以供放貸或投資之用，所以，定期存款的「存款準備率」，就會較活期存款的「存款準備率」要來得低一些。

觀念速解

**存款準備率**

（Reserve Requirement Rate）
是指銀行存款準備金和存款間的比率。

下表列示出我國中央銀行近年來適用的存款、其他各種負債及信託資金的準備率，提供讀者參考。

若銀行存款準備金額度超出央行所規定的比率（就是「法定存款準備金」），那麼超出的部分稱為「超額準備金」。藉由調整「存款準備率」來引導市場資金的流向，已是世界各國中央銀行重要的貨幣政策工具之一。

例如，中國人民銀行 2016 年曾宣布自 3 月起調降金融機構人民幣存款準備率 0.5 個百分點，人民銀行宣稱這個政策是為了「保持金融體系流動性合理充裕，引導貨幣信貸平穩適度增長，為供給側結構性改革營造適宜的貨幣金融環境。」根據中國經濟網，多名學者與專家對此進行解讀，並分析預測此舉將釋放約 7000 億元人民幣的流動性資金，對

## 存款及其他各種負債準備金比率

存款及其他各種負債準備率

單位：%

| 應提準備率 | 最低 | 最高 |
|---|---|---|
| 支票存款 | – | 25 |
| 活期存款 | – | 25 |
| 儲蓄存款(活期) | – | 15 |
| 定期存款 | – | 15 |
| 儲蓄存款(定期) | – | 15 |
| 其他各種負債(外匯存款) | – | 25 |
| 其他各種負債(其他項目) | – | 25 |

| 應提準備率(調整日期) | 100年1月1日<br>Jan. 1, 2011 |
|---|---|
| 支票存款 | 10.75 |
| 活期存款 | 9.775 |
| 外資活期存款(樞逾99年12月30日餘額之增加額) | 90 |
| 外資活期存款(未樞逾99年12月30日餘額部分) | 25 |
| 儲蓄存款(活期) | 5.5 |
| 定期存款 | 5 |
| 儲蓄存款(定期) | 4 |
| 其他各種負債(外匯存款) | 0.125 |
| 其他各種負債(其他項目) | 0 |

資料來源：中央銀行

股市穩定達到正面影響，有財經評論員稱未來會有降準降息預期，有利於市場最終在 2638 點附近形成雙底，推動 3 月大逆轉行情。另有專家表示，降準是重大的利好消息，有利於穩定中國房市及股市，並對貨幣寬鬆政策的持續有利。

## 歷史資料請參閱金融統計月報

### 存款及其他各種負債法定準備比率上限[1]

單位：對存款額百分比

| 法定準備率<br>(88年7月7日以後適用) | 支票存款 | 活期存款 | 儲蓄存款 | 定期存款 | 其他各種負債 |
|---|---|---|---|---|---|
| 最高 | 25 | 25 | 15 | 15 | 25 |

### 存 款 及 其 他 各 種 負 債 準 備 比 率

單位：對存款額百分比

| 應提準備率 / 調整日期 | 支票存款 | 活期存款 | 外貨活期存款[2] 未超過99年12月30日餘額部分 | 超過99年12月30日餘額之增加額 | 儲蓄存款 活期 | 定期 | 定期存款 | 其他各種負債 外匯存款[3] | 銀行承作結構型商品所收本金[4] 新台幣 | 外幣 | 其他項目 |
|---|---|---|---|---|---|---|---|---|---|---|---|
| 88年 7月 7日 | 15.000 | 13.000 | | | 5.500 | 5.000 | 7.000 | 0.000 | | | 0.000 |
| 89年10月 1日 | 13.500 | 13.000 | | | 6.500 | 5.000 | 6.250 | 0.000 | | | 0.000 |
| 12月 8日 | 13.500 | 13.000 | | | 6.500 | 5.000 | 6.250 | 5.000 | | | 0.000 |
| 12月29日 | 13.500 | 13.000 | | | 6.500 | 5.000 | 6.250 | 10.000 | | | 0.000 |
| 90年10月 4日 | 10.750 | 9.775 | | | 5.500 | 4.000 | 5.000 | 5.000 | | | 0.000 |
| 11月 8日 | 10.750 | 9.775 | | | 5.500 | 4.000 | 5.000 | 2.500 | | | 0.000 |
| 91年 6月28日 | 10.750 | 9.775 | | | 5.500 | 4.000 | 5.000 | 0.125 | | | 0.000 |
| 96年 6月22日 | 10.750 | 9.775 | | | 5.500 | 4.000 | 5.000 | 5.000 | | | 0.000 |
| 97年 4月 1日 | 10.750 | 9.775 | | | 5.500 | 4.000 | 5.000 | 0.125 | | | 0.000 |
| 7月 1日 | 12.000 | 11.025 | | | 6.750 | 4.750 | 5.750 | 0.125 | | | 0.000 |
| 9月18日 | 10.750 | 9.775 | | | 5.500 | 4.000 | 5.000 | 0.125 | | | 0.000 |
| 99年 1月 1日 | 10.750 | 9.775 | | | 5.500 | 4.000 | 5.000 | 0.125 | 5.000 | 0.125 | 0.000 |
| 100年 1月 1日 | 10.750 | 9.775 | 25.000 | 90.000 | 5.500 | 4.000 | 5.000 | 0.125 | 5.000 | 0.125 | 0.000 |

附註：
1. 自中央銀行法修正條文實施之日(88年7月7日)起，不再訂定存款及其他各種負債準備下限。
2. 自100年1月1日起，泉臺投資證券之境外華僑及外籍自然人、境外外籍機構投資人及大陸地區投資人於保管銀行開設之新台幣活期存款帳戶金額，未超過99年12月30日餘額部分，按準備率25%計提準備金；超過該日餘額之增加額部分，按90%計提準備金。
3. 自89年12月8日新增外匯存款應計提準備金；96年8月1日起外匯存款改按全部餘額計提準備金。
4. 自99年1月1日起，銀行承作結構型商品所收本金改列「其他各種負債」項目計提準備金；其準備率，屬新臺幣者，按定期存款準備率；屬外幣者，按外匯存款準備率。

資料來源：中央銀行

**A** 先舉一個例子說明「存款準備率」的作用，就可明白這幾個「率」之間的差別。假如現在所有的銀行總共有 100 億元的存戶存款，若央行訂立法定存款準備率為 20%的話（誠如前一段所言，這個比率會因為存款科目的不同而不同，比如說存款科目是「定期存款」，就跟「活期存款」的存款準備率不同），那銀行就必須要保留 20%的存款（即 20 億元）在銀行裡頭（或者說放在金庫裡），隨時準備讓存戶提領；所以銀行可以放款或作其他投資行為的資金，最多只有 80 億元（80%）。

如果說，銀行準備了超過 20%的現金留在金庫裡的話，那超過 20%的部分就叫做「超額準備」。而存戶的存款扣除掉「存款準備金」的部分，主要是用來對客戶放款，或是從事投資，這兩項是銀行的主要獲利來源。所以對銀行來說，如果可資運用的這一部分愈多，則對銀行愈有利；相對地，這也存在某些風險，如果某些金融機構的法定準備不足，將會發生流動性風險，就是銀行有可能因為庫存現金不足，沒有辦法應付客戶的提款，而發生擠兌事件，進而引發銀行倒閉。所以「法定準備」必須謹慎制定！

而央行可以透過調整「存款準備率」來影響銀行的可用資金。假如央行把原本的「存款準備率」由 20%調整到 30%，那麼銀行就必須把存戶的存款總額多提 10%到庫存現金中，或者是轉存到央行保管。於是，調升「存款準備率」對銀行而言，就變成要多提存準備 10 億元的金額；而原本可以拿出來做其他投資布局的 80 億元，現在變成只有 70 億元，少了 10 億元，因此會對於銀行的獲利產生影響。而這個時候，如果銀行仍然要維持 80 億元的可運用資金，可能的方式，就是調高存款的利率，來吸引更多的人把錢存進來；因此，調升「存款準備率」，有間接暗示一般存戶適用的存

款利率可能會調高。而當存款利率調高之後，一般民眾向銀
行借款的利率，也會跟著調高，這麼一來，影響的層面，要
遠比央行只是調整貼現率或重貼現率，要來得廣泛很多了。

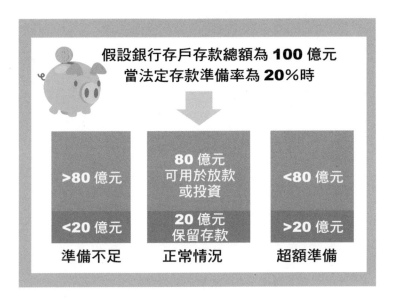

假設銀行存戶存款總額為 **100** 億元
當法定存款準備率為 **20**％時

| >80 億元 | 80 億元可用於放款或投資 | <80 億元 |
| <20 億元 | 20 億元保留存款 | >20 億元 |
| 準備不足 | 正常情況 | 超額準備 |

**Ｑ** 那美國的降息，又多半是降哪種息呢？

**Ａ** 美國聯準會的降息，多半指的是聯邦基金（目標）利
率（Fed Fund Rate）。所謂聯邦基金利率的意義是指：在美
國銀行同業資金拆借市場裡的借貸利率水準，便是所稱的
「聯邦基金利率」，最主要該觀察的是「隔夜拆款利率」
（Overnight Rate）。

這種利率的變動能夠敏感地反映銀行之間資金的緊俏程
度，並影響工商企業的借款利率，進而影響消費、投資和國
民經濟。而「聯邦基金利率」是美國聯準會視為理想的聯邦
基金利率目標水準，如果聯準會認為實際利率偏離目標利率
太遠，便會進行貨幣市場操作，進而影響聯邦基金利率。下
頁表格為美國自 1990 年以來歷年重要的利率資料表；第 76
頁圖表則為美國 2000 年 7 月底至 2020 年 12 月底，Fed 的
聯邦基金利率走勢圖。

觀念速解

**隔夜拆款利率**

照字面定義，是指當天
起息第二天歸還的銀行
同業拆放貸款的利率，
是同業拆借利率的一
種，時間短利率相對較
低。

## 美國自 1990 年以來歷年重要的利率資料表

| 日期 | 聯邦基金利率（%） | 日期 | 貼現利率 | 日期 | 基本利率 |
|---|---|---|---|---|---|
| 2019/09/18 | 2.00 | 2019/09/18 | 2.50 | | |
| 2019/07/31 | 2.25 | 2019/07/31 | 2.75 | | |
| 2018/12/19 | 2.50 | 2018/12/20 | 3.00 | 2018/12/20 | 5.50 |
| 2018/09/26 | 2.25 | 2018/09/26 | 2.75 | 2018/09/26 | 5.25 |
| 2018/06/13 | 2.00 | 2018/06/13 | 2.50 | 2018/06/13 | 5.00 |
| 2018/03/21 | 1.75 | 2018/03/22 | 2.25 | 2018/03/22 | 4.75 |
| 2017/12/13 | 1.50 | 2017/12/14 | 2.00 | 2017/12/14 | 4.50 |
| 2017/06/15 | 1.25 | 2017/06/15 | 1.75 | 2017/06/15 | 4.25 |
| 2017/03/16 | 1.00 | 2017/03/16 | 1.50 | 2017/03/16 | 4.00 |
| 2016/12/15 | 0.75 | 2016/12/15 | 1.25 | 2016/12/15 | 3.75 |
| 2015/12/17 | 0.5 | 2015/12/17 | 1.00 | 2015/12/17 | 3.50 |
| | | 2010/02/19 | 0.75 | | |
| 2008/12/16 | 0.25 | 2008/12/16 | 0.50 | 2008/12/16 | 3.25 |
| 2008/10/29 | 1.00 | 2008/10/29 | 1.25 | 2008/10/29 | 4.00 |
| 2008/10/08 | 1.50 | 2008/10/08 | 1.75 | 2008/10/08 | 4.50 |
| 2008/04/30 | 2.00 | 2008/04/30 | 2.25 | 2008/04/30 | 5.00 |
| 2008/03/18 | 2.25 | 2008/03/17 | 2.50 | 2008/03/18 | 5.25 |
| 2008/01/30 | 3.00 | 2008/01/31 | 3.50 | 2008/01/30 | 6.00 |
| 2008/01/22 | 3.50 | 2008/01/22 | 3.00 | 2008/01/22 | 6.50 |
| 2007/12/11 | 4.25 | 2007/11/01 | 4.75 | 2007/12/11 | 7.25 |
| 2007/10/31 | 4.50 | 2007/09/18 | 5.00 | 2007/10/31 | 7.50 |
| 2007/09/18 | 4.75 | 2007/08/17 | 5.25 | 2007/09/18 | 7.75 |
| 2006/06/29 | 5.25 | 2006/06/29 | 6.25 | 2006/06/29 | 8.25 |
| 2006/05/10 | 5.00 | 2006/05/10 | 6.00 | 2006/05/10 | 8.00 |
| 2006/03/28 | 4.75 | 2006/03/28 | 5.75 | 2006/03/31 | 7.75 |
| 2006/01/31 | 4.50 | 2006/02/02 | 5.50 | 2006/01/31 | 7.50 |
| 2005/12/13 | 4.25 | 2005/12/13 | 5.25 | 2005/12/13 | 7.25 |
| 2005/11/01 | 4.00 | 2005/11/01 | 5.00 | 2005/11/01 | 7.00 |
| 2005/09/20 | 3.75 | 2005/09/20 | 4.75 | 2005/09/20 | 6.75 |
| 2005/08/09 | 3.50 | 2005/08/09 | 4.50 | 2005/08/09 | 6.50 |
| 2005/06/30 | 3.25 | 2005/06/30 | 4.25 | 2005/06/30 | 6.25 |
| 2005/05/03 | 3.00 | 2005/05/03 | 4.00 | 2005/05/03 | 6.00 |
| 2005/03/22 | 2.75 | 2005/03/22 | 3.75 | 2005/03/22 | 5.75 |
| 2005/02/02 | 2.50 | 2005/02/02 | 3.50 | 2005/02/03 | 5.50 |
| 2004/12/14 | 2.25 | 2004/12/14 | 3.25 | 2004/12/15 | 5.25 |
| 2004/11/10 | 2.00 | 2004/11/10 | 3.00 | 2004/11/11 | 5.00 |
| 2004/09/21 | 1.75 | 2004/09/21 | 2.75 | 2004/09/22 | 4.75 |
| 2004/08/10 | 1.50 | 2004/08/10 | 2.50 | 2004/08/11 | 4.50 |
| 2004/06/30 | 1.25 | 2004/06/30 | 2.25 | 2004/07/01 | 4.25 |
| 2003/06/25 | 1.00 | 2003/06/26 | 2.00 | 2003/06/27 | 4.00 |
| 2002/11/06 | 1.25 | 2003/01/09 | 2.25 | 2002/11/07 | 4.25 |
| 2001/12/11 | 1.75 | 2002/11/07 | 0.75 | 2001/12/12 | 4.75 |
| 2001/11/06 | 2.00 | 2001/12/13 | 1.25 | 2001/11/07 | 5.00 |
| 2001/10/02 | 2.50 | 2001/11/07 | 1.50 | 2001/10/03 | 5.50 |
| 2001/09/17 | 3.00 | 2001/10/03 | 2.00 | 2001/09/18 | 6.00 |

資料來源：鉅亨網

| 日期 | 聯邦基金利率（%） | 日期 | 貼現利率 | 日期 | 基本利率 |
|---|---|---|---|---|---|
| 2001/08/21 | 3.50 | 2001/09/17 | 2.50 | 2001/08/22 | 6.50 |
| 2001/06/27 | 3.75 | 2001/08/22 | 3.00 | 2001/06/28 | 6.75 |
| 2001/05/15 | 4.00 | 2001/06/28 | 3.25 | 2001/05/16 | 7.00 |
| 2001/04/18 | 4.50 | 2001/05/17 | 3.50 | 2001/04/19 | 7.50 |
| 2001/03/20 | 5.00 | 2001/04/18 | 4.00 | 2001/03/21 | 8.00 |
| 2001/01/31 | 5.50 | 2001/03/20 | 4.50 | 2001/02/01 | 8.50 |
| 2001/01/03 | 6.00 | 2001/01/31 | 5.00 | 2001/01/04 | 9.00 |
| 2000/05/16 | 6.50 | 2001/01/04 | 5.50 | 2000/05/17 | 9.50 |
| 2000/03/21 | 6.00 | 2000/05/18 | 6.00 | 2000/03/22 | 9.00 |
| 2000/02/02 | 5.75 | 2000/03/21 | 5.50 | 2000/02/03 | 8.75 |
| 1999/11/16 | 5.50 | 2000/02/03 | 5.25 | 1999/11/17 | 8.50 |
| 1999/08/24 | 5.25 | 1999/11/18 | 5.00 | 1999/08/25 | 8.25 |
| 1999/06/30 | 5.00 | 1999/08/25 | 4.75 | 1999/07/01 | 8.00 |
| 1998/11/17 | 4.75 | 1998/11/19 | 4.50 | 1998/11/18 | 7.75 |
| 1998/10/15 | 5.00 | 1998/10/15 | 4.75 | 1998/10/16 | 8.00 |
| 1998/09/29 | 5.25 | 1996/01/31 | 5.00 | 1998/09/30 | 8.25 |
| 1997/03/25 | 5.50 | 1995/02/02 | 5.25 | 1997/03/26 | 8.50 |
| 1996/01/31 | 5.25 | 1994/11/16 | 4.75 | 1996/02/01 | 8.25 |
| 1995/12/19 | 5.50 | 1994/08/18 | 4.00 | 1995/12/20 | 8.50 |
| 1995/07/06 | 5.75 | 1994/05/17 | 3.50 | 1995/07/07 | 8.75 |
| 1995/02/01 | 6.00 | 1992/07/02 | 3.00 | 1995/02/01 | 9.00 |
| 1994/11/15 | 5.50 | 1991/12/23 | 3.50 | 1994/11/15 | 8.50 |
| 1994/08/16 | 4.75 | 1991/11/06 | 4.50 | 1994/08/16 | 7.75 |
| 1994/05/17 | 4.25 | 1991/09/13 | 5.00 | 1994/05/17 | 7.25 |
| 1994/04/18 | 3.75 | 1991/04/30 | 5.50 | 1994/04/19 | 6.75 |
| 1994/03/22 | 3.50 | 1991/02/01 | 6.00 | 1994/03/24 | 6.25 |
| 1994/02/04 | 3.25 | 1990/12/19 | 6.50 | 1992/07/02 | 6.00 |
| 1992/09/04 | 3.00 | 1989/02/24 | 7.00 | 1991/12/23 | 6.50 |
| 1992/07/02 | 3.25 | 1988/08/09 | 6.50 | 1991/11/06 | 7.50 |
| 1992/04/09 | 3.75 | 1987/09/08 | 6.00 | 1991/09/13 | 8.00 |
| 1991/12/20 | 4.00 | 1986/08/21 | 5.50 | 1991/05/01 | 8.50 |
| 1991/12/06 | 4.50 | 1986/07/11 | 6.00 | 1991/02/04 | 9.00 |
| 1991/11/06 | 4.75 | 1986/04/21 | 6.50 | 1991/01/02 | 9.50 |
| 1991/10/31 | 5.00 | 1986/03/07 | 7.00 | 1990/01/08 | 10.00 |
| 1991/09/13 | 5.25 | 1985/05/20 | 7.50 | 1989/07/31 | 10.50 |
| 1991/08/06 | 5.50 | 1984/12/24 | 8.00 | 1989/06/05 | 11.00 |
| 1991/04/30 | 5.75 | 1984/11/21 | 8.50 | 1989/02/24 | 11.50 |
| 1991/03/08 | 6.00 | 1984/04/09 | 9.00 | 1989/02/10 | 11.00 |
| 1991/02/01 | 6.25 | 1982/12/14 | 8.50 | 1988/11/28 | 10.50 |
| 1991/01/09 | 6.75 | 1982/11/22 | 9.00 | 1988/08/11 | 10.00 |
| 1990/12/18 | 7.00 | 1982/10/12 | 9.50 | 1988/07/14 | 9.50 |
| 1990/12/07 | 7.25 | 1982/08/27 | 10.00 | 1988/05/11 | 9.00 |
| 1990/11/13 | 7.50 | 1982/08/16 | 10.50 | 1988/02/02 | 8.50 |
| 1990/10/29 | 7.75 | 1982/08/02 | 11.00 | 1987/11/05 | 8.75 |
| 1990/07/13 | 8.00 | 1982/07/21 | 11.50 | 1987/10/22 | 9.00 |

資料來源：鉅亨網

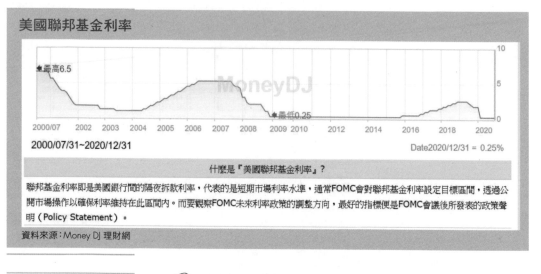

**美國聯邦基金利率**

最高6.5

最低0.25

2000/07 2002 2003 2004 2005 2006 2007 2008 2009 2010 2012 2014 2016 2018 2020

2000/07/31~2020/12/31

Date2020/12/31 = 0.25%

**什麼是『美國聯邦基金利率』？**

聯邦基金利率即是美國銀行間的隔夜拆款利率，代表的是短期市場利率水準，通常FOMC會對聯邦基金利率設定目標區間，透過公開市場操作以確保利率維持在此區間內。而要觀察FOMC未來利率政策的調整方向，最好的指標便是FOMC會議後所發表的政策聲明（Policy Statement）。

資料來源：Money DJ 理財網

### Q 那麼「超額準備」又代表什麼意義？

A 由於銀行每個營業日所收受的存款及貸放出去的放款，或做其他投資等用途的數額不一，因此，各銀行會依據不同的資金水位狀況提撥準備金，有時可能超過央行規定的數額，這些超過的數額，就稱為「超額準備」。

而有時銀行因為某些特殊狀況，譬如有幾天「生意」特別好，貸放出去的數額過多；或者為了掌握某些投資機會，投資金額過多，而造成該提撥的存款準備金低於央行規定的數額，這種不足額的情況，稱之為「準備不足」。而金融市場間，往往同時存在著某些銀行是處於超額準備，而又有些銀行是處於準備不足的情況，因此，便衍生出一個銀行間的資金拆借市場，在這個資金拆借市場裡，讓具有超額準備金的銀行，可以把多餘的資金貸放給準備不足的銀行；而準備金的借貸利率水準，便是所謂的「聯邦基金利率」（Fed Fund Rate）。

自 2008 年金融海嘯發生以來，我們常常會看到或聽到媒體或報章新聞說「Fed 調升或調降『聯邦基金利率』」其實這樣的說法並不完全正確，更精確的說法應該是，Fed 調升或調降「聯邦基金目標利率」。

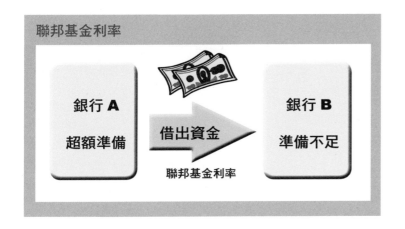

誠如前段所述，「聯邦基金利率」係由銀行間視其資金寬鬆緊俏程度互相議價而得，而且該利率幾乎是隔夜拆款利率，並不是由 Fed 強制規定而來；更何況每天銀行間的資金緊俏狀況不一，因此，該利率每天必然會有所波動。

然而 Fed 為了達到既定的貨幣政策目標，就必須針對目前金融市場狀況，設定一個利率目標值，一方面讓市場上的資金供給者與需求者有個標竿值（benchmark）可以參考；另一方面也期望市場上成交的「價格」（也就是利率），能夠符合 Fed 認同的合理價格。而當市場上成交的利率水準超過或是低於該合理價位過多的話，Fed 便會透過公開市場操作，來達到其干預市場的目的，而這就是前面提到的所謂「貨幣政策」。

**Q** 那麼央行貨幣政策當中的調升或調降重貼現率，跟調整存款準備金率，對於市場的影響程度又有什麼差別呢？

**A** 我們再把「貼現」及「重貼現」的定義複習一遍，就很容易明白其間差異。當銀行透過所持有的合格商業票據向中央銀行融通借款時，稱為「重貼現」；因此，央行可以透過調整重貼現率，以主導市場上的貨幣供給額。於是，透過觀察央行調整「重貼現率」的幅度，可以預期央行將要如何影

響市場利率。當市場資金浮濫時，央行可藉由調升重貼現率來讓市場的短期借貸利率上升，進而使得市場上的資金不至於進一步的氾濫；相反地，央行可藉由調降重貼現率，使市場借貸利率下跌，進而導引金融體系的資金回流市場。

　　然而，透過貼現窗口的借款金額，額度通常不大，除非是為了滿足臨時的準備金缺口，Fed 比較不鼓勵這種融通借款方式，而是希望透過市場的正常交易機制（例如同業拆借市場），來達成資金拆借的目標。而在 2007 年到 2009 年全球金融海嘯肆虐最為嚴重的二、三年間，美國聯準會除了將聯邦基金利率和重貼現率由 2006 年的高峰 5.25％及 6.25％，一路調降為 0 到 0.25％及 0.5％歷史低點之外，為了應付銀行間因為信用疑慮造成的流動性問題，還採取大量發行通貨的量化寬鬆貨幣政策。這些措施，也讓許多金融機構，因為

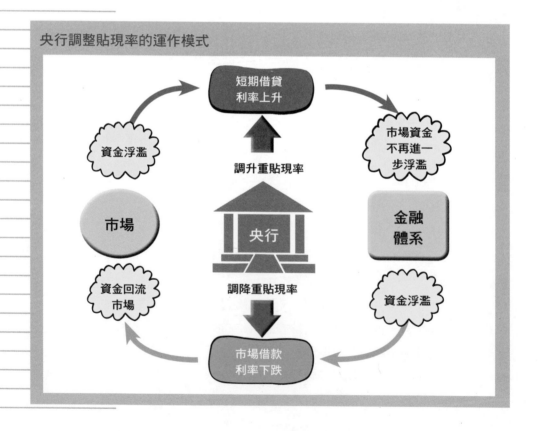

央行調整貼現率的運作模式

短期借貸利率上升

資金浮濫

市場資金不再進一步浮濫

調升重貼現率

市場

央行

金融體系

資金回流市場

調降重貼現率

資金浮濫

市場借款利率下跌

聯準會大開資金融通之門，而得以順利在動盪不已的環境中籌集資金，並存活至今。

隨著全球經濟漸漸回溫到金融海嘯前的水準，各主要國家以及其央行，已經慢慢地結束其擴大政府支出的財政政策，以及降息循環的貨幣寬鬆政策。然而，美國部分金融機構在資金的融通上，依舊相當依賴政府有關單位的協助，這種現象長此以往將不利於市場秩序的恢復，以及經濟機制的發展。更何況，長期間低利率的環境，引發資金氾濫的結果，更助長了通貨膨脹以及資產泡沫形成的疑慮。

因此，Fed 為了不在經濟萌發新芽的同時，貿然啟動升息循環，打亂經濟復甦的腳步，於是透過調升重貼現率，作為貨幣政策即將轉向的宣示。也就是說，Fed 開始啟動升息循環以抑制隨時可能到來的通貨膨脹之外，更明確地告訴市場，銀行間同業拆款的需求，應該回歸市場機制，由市場供需決定，而不能再仰賴政府或貨幣當局繼續伸出援手了。

# 石油價格漲跌關係民生，也關係到你我的資產淨值

石油飆漲的時候，很多人開車去加油時會明顯發現必須多支付一張鈔票（有時候是紅色的，有時候甚至是棕色的）。但是你知道石油價格也會影響到你我的資產淨值變化嗎？

**觀念達解**

**石油輸出國家組織**

（Organization of the Petroleum Exporting Countries，OPEC）世界主要石油生產國，為共同對付西方石油公司和維護石油收入，於1960年9月10日由伊拉克、伊朗、科威特、沙烏地阿拉伯和委內瑞拉等國代表，在巴格達開會商議成立一個協調機構，9月14日「石油輸出國家組織」正式宣告成立，目前成員國有13國。

石油價格向來是全世界矚目的焦點，主要是因為石油是推動工業生產的原動力。我們甚至可以說，缺少了石油這項重要的原物料，全球經濟的總產值可能要下降一半，甚至更多。而石油更是許多國家的經濟命脈、重要的外匯收入來源，例如石油輸出國家組織（OPEC）的各個成員國，無一不是靠著輸出石油而發跡，進而具有左右世界經濟的影響力。而這些國家的金融市場發展，也都跟石油價格變化息息相關，例如俄羅斯的上市公司，估算有七成以上都跟石油產業有關。因此，我們可以明瞭，不管是有關石油的供給或需求的變化，或是石油的價格走勢，幾乎每天都會在財經新聞中廣泛地被探索報導，原因就在於此。

油價的走勢向來會隨著經濟前景的變化而波動（參照右頁圖1），特別是在金融海嘯發生的那一年（2008年），油價可以從年初的32美元左右，飆升到年中的147美元高點之後，又在同年的聖誕節前夕，因為發生金融海嘯而跌回33美元，波動之大，讓人瞠目結舌！而由於油價既是工業之母，也是百業製造的源頭，幾乎可以說，沒有一項行業的發展，是不跟石油價格直接或間接地有所關連的；而既然有所關連，就會影響到公司的成本收益結構，進而影響到該公司的市場價值，這就是我們得要關注原油價格變動的原因。

而在說明油價變化如何影響公司成本、進而影響股價之前，我們先來介紹一般預測油價未來走勢的兩項重要指標：

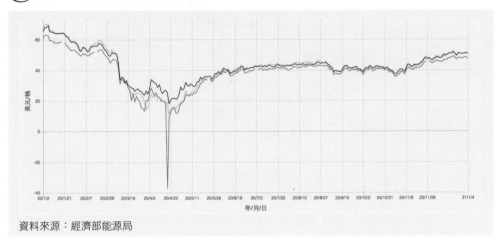

**圖1：油價隨經濟變化而波動**

資料來源：經濟部能源局

北海布蘭特原油價格以及西德州輕甜原油價格。（一般而言，原油乃是以含硫量多寡作為分級的標準，含硫量少的稱之為「輕甜原油」（light or sweet）；含硫量高的，則稱為「重酸原油」（heavy or sour）。其走勢如同下頁圖2所示。由圖可見，這三種油價相差不大，而且走勢是同一個方向的。

　　而上述的油價變化，在一般理財網站都可以找得到，或者可上經濟部能源局的網站，有很多更專業的資訊提供參考。明瞭如何找尋石油價格走勢的資訊之後，我們來進一步瞭解，石油價格變動如何對公司的營運與獲利產生影響，特別是哪些類股所受的影響最大，進而造成股價的劇烈波動。

　　首先，當油價上漲時，以石油為主原料的石化業最先受到衝擊；此外，因塑膠、橡膠等產業的主要原料，係來自石油提煉的衍生物，也會因為油價的上漲，間接影響到原料成本。上述的產業因為油價的上漲，而使得製造成本增加；而成本的增加，在其他條件不變的情況下，將使公司的毛利大幅度縮水。如果這些產業中的公司不想讓本身的獲利減少，而他們又在市場上是屬於有定價能力的公司的話，那麼他們勢必會調漲其所生產的成品售價，把油價上漲的壓力轉嫁給下游的消費者。當產品價格調升之後，競爭力勢必減少，如果同業調幅相對較低，或者是該產品具有其他替代品，將會影響產品的銷售量，而使得該公司的獲利下降。在公司的獲利能力變差、每股盈餘（EPS）變少的情況下，該公司的股價也會跟著下跌。

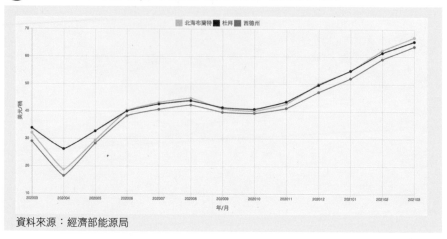

**圖2： 三大原油期貨價格比較趨勢圖（美金／桶）**

資料來源：經濟部能源局

　　將這樣的變化情形推而廣之，如果一個國家有很多的股票上市公司，對於石油價格變化都相當敏感的話，就會因為石油價格的攀高而造成股市的下跌。如前面所提，跟石油有關的公司就占了七成以上的俄羅斯股市，這時候反倒會因為石油價格攀高而坐收漁翁之利，因為俄羅斯是產油國，當原油價格持續攀高，不管這些上市公司是採礦或是探勘原油，都會因為原油價格上漲，為公司帶來更高的收益，股價自然跟著水漲船高，整個大盤也會跟著走揚，甚至隨著油價的翻漲，該國股市指數也會持續創新高！

　　接著，如果原油價格持續飆漲，使各類股的廠商被迫得要調高產品的售價以反映成本，這時通貨膨脹的壓力就會悄悄產生。怎麼說呢？因為「物價上漲率」（CPI）的編製，係採取市場上各項常用民生用品的價格變化，加以篩選計算而得。而當大多數的民生物資都因為原油價格持續地上漲而變貴時，CPI指數自然會逐次上漲，通貨膨脹於焉成形。

　　而當通貨膨脹的態勢形成，但薪水增幅卻又趕不上物價變化時（通常會如此，因為有許多行業的調薪比率偏低，甚至低於通貨膨脹率），實質薪資成長率將會下降（名目薪資成長率－通貨膨脹率＝實質薪資成長率），這會使得民眾的「可支配所得」（就是所得扣掉一些非消費性支出，例如利息、社會保險保費、稅金、罰款等）變少，而造成民間的消費能力以及整體的消費金額下降，進一步使得消費市場萎縮。而當消費能力疲弱，大多數的產品乏人問津時，各廠商的銷售狀態

不好、存貨會變多、利潤成長趨緩，甚至轉為負值、虧錢。最後，整個經濟體將因油價的上漲而衰退，各類股的股價則反映經濟景氣的衰退而下跌；相反地，如果油價是呈現下跌的走勢，我們可以反向推論得知，該經濟體的景氣會因為油價持續下跌，讓民眾可以享受到「便宜又大碗」的東西，於是可支配所得增加了，購買力也提高了，存貨因而變少，銷貨收入提升，進而使得公司的利潤增加，股價也會隨之上漲。所以，油價的走勢變化會對整體經濟產生莫大的影響，進而造成該經濟體股票市場的波動。

同樣的道理，油價暴跌也會引起全球金融市場大幅度的波動。2015年下半年一直到2016年春天，油價持續地下挫，就被視為當時全球股市重挫最大的一隻「黑天鵝」。因此，油價波動的情況，是影響金融市場重要的關鍵因子之一。投資人在分析解讀財經資訊時，必須特別留意油價的變化。

至於2021年之後的油價走勢，還是得回到供需的基本面來探討。由於油價走勢跟經濟成長息息相關，因此，未來有關油價走勢的觀察方向，得注意以下幾點。首先是在供給面：一、觀察石油輸出國家組織（OPEC）成員是否能夠遵守減產協議，使得產量仍然高於預期；二、如果油價在反彈之後，是否會激勵美國頁岩油業者的信心，進而增加頁岩油的供給，使得總體石油供給量攀升？至於在需求面，需要關注的重點包括：一、全球經濟復甦的情況如何？美國啟動升息循環的進程如何？二、美國能源資訊局（EIA）公布的美國原油庫存數據是否減少？

一旦出現石油的供給大過需求，那麼油價仍然會是在相對低檔價位徘徊的。

 **重點小整理：**

1. 油價既是工業之母，也是百業製造的源頭，幾乎每一項行業的發展都直接或間接跟石油價格有所關連，因此會影響到公司的成本收益結構，進而影響到該公司的市場價值。
2. 一般預測油價未來走勢的兩項重要指標：「北海布蘭特原油價格」以及「西德州輕甜原油價格」。
3. 當油價上漲時，以石油為主原料的石化業會首當其衝，而塑膠、橡膠等產業也會間接受到影響。
4. 油價上漲時，也會帶動產油國的股市同步上揚或持續創新高。
5. 原油價格持續地上漲時，CPI指數自然會逐次上漲，通貨膨脹於焉成形，進而導致薪資成長率下跌、消費力減弱而影響整體經濟發展。
6. 油價暴跌時，也會引起全球金融市場大幅度地波動。

心動也要
行動！

今天是　　　年　　月　　日

我想投資的項目是　　　　　　　　　　，代號是

想買的原因是：

今天是　　　年　　月　　日

我想投資的項目是　　　　　　　　　　，代號是

想買的原因是：

## 第2天

# 看懂財報，
# 不必再走「薪酸」路！

想要閱讀理解財經新聞，瞭解前面介紹的一些財經指標代表之意義，的確可為我們勾勒出一個共通語言架構。而財經資訊中，也經常會有關於產業消息或個股評論等，除了報導產業現況、前景及未來之外，對於個別公司的財務狀況也多所著墨。因此，在你買賣股票之前，還得學會看懂這些「有字天書」告訴你的進出場密碼！

# 如何解讀財報四大表

每到超級財報週，常常會看到諸如「某某公司10月的營收創下單月歷史新高」、「預估某家公司今年可以賺五個股本」、「某家公司上半年的EPS再創史上新高紀錄」、「某家公司的本益比過高，股價恐遭修正」、「某家公司擁有大批土地，有很高的重估增值利益，股價值得期待」、「選股應選取ROE、ROA較高者」、「某家公司的應收帳款過多、現金流量不足，恐有黑字倒閉之虞」等標題。你知道他們代表什麼投資含意嗎？又該從何開始去閱讀、解析財務報表呢？

**單元重點**

- 盡信書，不如無書——學會判讀資訊的要領
- 望、聞、問、切——重點解讀公司的四大財務報表
- 賺錢 VS. 虧錢、本業 VS. 業外——看「綜合損益表」
- 實 VS. 虛——看「現金流量表」及「資產負債表」
- 股東的待遇好 VS. 差——看「權益變動表」

**觀念速解**

**超級財報週**

美國主要上市公司會在每季季底的下一個月分（即4、7、10、1月）第三週起，陸續公布上一季財報與下一季展望，將會使股價產生激烈變動、造成大漲或大跌，稱為超級財報週。臺灣有許多上市櫃公司是美國公司的代工廠商，美國大廠如果對未來的展望樂觀，表示這些代工廠未來的接單量也會增加，相關股票也會因此受惠；反之亦然。

## 盡信書，不如無書——學會判讀資訊的要領

**Q** 每到公布財報的旺季，報紙等媒體都會有營收快報、獲利創新高等新聞，可是這些新聞發布之後，股價也不一定會有如同新聞般同方向的反應。這是怎麼一回事呢？

**A** 上述這些「獲利創新高」、「營收達到歷史高峰」等文句，有時會出現在標題，或是報導中的一句話，讀者諸君如果只是從字面上看，可能會有很明確的多空方向：也就是買進或賣出這些標的個股，因為業績好，當然是買進；本益比過高、應收帳款收不回來，當然得要賣出股票囉！可是，如果我們仔細追蹤這些新聞曝光之後，有些個別公司當然會因為這些正面或負面的報導，而影響當日股價的走勢；更多時候，我們會發現，怎麼這些報導中的股票價格出現「利多不漲、利空不跌」呢？不是獲利創新高嗎？股價不漲就算了，還重挫跌停？！不是「本益比」過高嗎？怎麼股價不只漲停，還漲個不停？！相信讀者諸君遇到上述令人傻眼的情況應該不算

**觀念速解**

**本益比**

指的是每股市價除以每股盈餘（Earnings Per Share，EPS）所得到的數值，作為股價便宜或昂貴的指標，數值愈大，表示股價愈貴，通常以「倍」為單位。

少。可是，報章雜誌上面成篇累牘的報導，某些專家的預測，怎麼不僅沒有能夠引領潮流、指引方向，反倒成為「反向指標」？到底是發生什麼事？這些報導能不能信啊？

　　古人有言：「盡信書，不如無書。」這句話的意思，倒不是讓我們不要相信書本或報章雜誌上的言論，而是要我們在吸收採納資訊之前，要先經過反芻思辨；而不是只人云亦云地照單全收。試想，如果大家看了、也都信了報章雜誌上的新聞，並且都因此照著報導上的說法布局，也就是，報導說好，就極力買進股票；反之，就大舉出脫持股。如果大家口徑這麼一致、步伐這麼齊一，那麼交易就不會發生了，因為交易必須要有人買、有人賣，這才算是「成交」啊！如果大家看了某些資訊，而且也一致地相信該訊息所報導的，都只想買進（或賣出），那麼這時候沒有人想賣出（或買進）的情況下，交易就不可能成交了。

**Q** 所以，我們在看到這些財經新聞時，應該抱持怎麼樣的心態去解讀呢？

**A** 倒不是說我們不能夠相信媒體刊登出來的新聞，畢竟這些也都是記者、編輯們辛苦發掘、整理出來的訊息。只是我們對於報導上的訊息，得要多一分懷疑的態度，仔細地去推敲：這份報導的訊息來源可靠嗎？為什麼挑在這時候報導

呢？上面的數字可信度如何？邏輯推理有沒有問題？整篇報告是否有斷章取義之嫌？為什麼只有這家報章雜誌報導？是真的獨家新聞嗎？同樣一則新聞，為什麼別家刊物的結論不是這樣？

　　如果我們細細地玩味這些「新聞幕後」透露的訊息，就可以知道，有些訊息可能是「煙幕彈」，用來混淆視聽的；有些訊息根本是空穴來風，是用來充篇幅、濫竽充數的；更甚者，可能是別有居心的人，為了要打壓（或拉抬）股價，而故意製造出某些利多（例如接獲大單、購併某公司、開發出某些新產品等），或利空（例如被抽單、財務狀況不佳）等訊息，而達到讓股價上漲（或下跌）的目的。

**Ⓠ** **那麼身為閱聽大眾的我們，難道只有單方面的接收訊息、任人宰割的份？有沒有辦法或能力去聽取該訊息的「弦外之音」呢？**

**Ⓐ** 有的！一個簡便的方法，就是具有基礎閱讀財務報表的能力。一旦具備閱讀財報的能力，當看到某則個股訊息正極

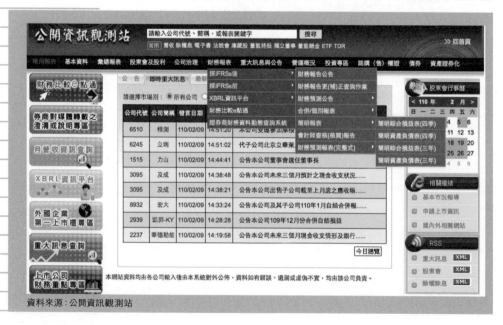

資料來源：公開資訊觀測站

力地標榜該公司的產品或業績；或者悲觀地敘述該公司即將面對史上最難耐的業績隆冬時，就會先連上「公開資訊觀測站」（http://mops.twse.com.tw/mops/web/index），去參閱一下這些公司在主管機關網站上公布的訊息，或者直接找出該公司相關的財務數字，進而研讀一番。這樣，就可以避免被單一訊息牽著鼻子走，而做出錯誤的決策了。

**Q** **財務報表上面的數字密密麻麻，要從何閱讀起啊？**

**A** 關於財務報表的研究，向來就是商學科系學生在校研習的重點科目之一，也是產業分析師在預估公司獲利、提出研究報告之前，必須要鑽研的重要資訊。因此，研究財務報表，自然需要具備某些基礎知識，以及專業訓練。

但是，不用擔心，我們不是要教會大家如何編製財務報表，而是想要告訴各位讀者朋友，站在投資人的立場，應該了解哪些財務報表的重點觀念，以及某些「有心人士」可能會在哪些項目動手腳？以提供給一般讀者朋友，未來能夠在閱讀有關財務訊息時，能夠多一些線索，去察覺出，某些訊息是不是被刻意曲解了，或者被蓄意放大了，以免成為資訊不對稱下的犧牲者。

## 望、聞、問、切 —— 重點解讀公司的四大財務報表

**Q** **財務報表有各種不同的樣貌，它們之間有什麼不同呢？**

**A** 在閱讀公司的財務資訊時，一般需要看四大財務報表，分別是「資產負債表」、「綜合損益表」、「權益變動表」以及「現金流量表」（參見下兩頁之圖表，以台積電為例，公司代號：2330）。每一張財務報表都各有其特色及重點，我們將一一說明如下。而初學者在學習如何閱讀財務報表時，總會覺得密密麻麻的數字讓人害怕，因而產生「有字天書」的恐懼感。為了消除這種畏懼感，讀者朋友可以掌握以

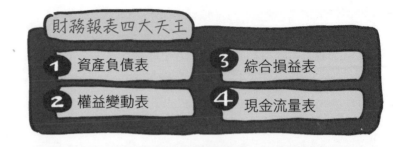

財務報表四大天王

**1** 資產負債表　　**3** 綜合損益表

**2** 權益變動表　　**4** 現金流量表

## 表1：合併資產負債表（局部摘錄）

### 2330 台灣積體電路製造股份有限公司
### 2020年第4季合併財務報告

單位：新臺幣仟元

資產負債表

| 代號 | 會計項目 | 2020年12月31日 | 2019年12月31日 |
|---|---|---|---|
| | 資產 | | |
| | 流動資產 | | |
| 1100 | 現金及約當現金 | 660,170,647 | 455,399,336 |
| 1110 | 透過損益按公允價值衡量之金融資產－流動 | 2,259,412 | 326,839 |
| 1120 | 透過其他綜合損益按公允價值衡量之金融資產－流動 | 122,448,453 | 127,396,577 |
| 1136 | 按攤銷後成本衡量之金融資產－流動 | 6,597,992 | 299,884 |
| 1139 | 避險之金融資產－流動 | 47 | 25,884 |
| 1170 | 應收帳款淨額 | 145,480,272 | 138,908,589 |
| 1180 | 應收帳款－關係人淨額 | 558,131 | 862,070 |
| 1210 | 其他應收款－關係人 | 50,645 | 51,653 |
| 130X | 存貨 | 137,353,407 | 82,981,196 |
| 1470 | 其他流動資產 | 17,266,302 | 16,361,886 |
| 1476 | 其他金融資產－流動 | 10,676,111 | 11,041,091 |
| 1479 | 其他流動資產－其他 | 6,590,191 | 5,320,795 |
| 11XX | 流動資產合計 | 1,092,185,308 | 822,813,914 |
| | 非流動資產 | | |
| 1517 | 透過其他綜合損益按公允價值衡量之金融資產－非流動 | 4,514,940 | 4,124,337 |
| 1535 | 按攤銷後成本衡量之金融資產－非流動 | 4,372,207 | 7,348,914 |
| 1550 | 採用權益法之投資 | 18,841,061 | 18,698,788 |

資料來源：公開資訊觀測站

## 表2：合併綜合損益表（局部摘錄）

### 2330 台灣積體電路製造股份有限公司
### 2020年第4季合併財務報告

單位：新臺幣仟元　每股盈餘單位：新台幣元

綜合損益表

| 代號 | 會計項目 | 2020年1月1日至12月31日 | 2019年1月1日至12月31日 |
|---|---|---|---|
| | 營業收入 | | |
| 4000 | 營業收入合計 | 1,339,254,811 | 1,069,985,448 |
| | 營業成本 | | |
| 5000 | 營業成本合計 | 628,108,309 | 577,286,947 |
| 5900 | 營業毛利（毛損） | 711,146,502 | 492,698,501 |
| 5920 | 已實現銷貨（損）益 | (16,382) | 3,395 |
| 5950 | 營業毛利（毛損）淨額 | 711,130,120 | 492,701,896 |
| | 營業費用 | | |
| 6100 | 推銷費用 | 7,112,867 | 6,348,626 |
| 6200 | 管理費用 | 28,457,593 | 21,737,210 |
| 6300 | 研究發展費用 | 109,486,089 | 91,418,746 |
| 6000 | 營業費用合計 | 145,056,549 | 119,504,582 |
| | 其他收益及費損淨額 | | |
| 6500 | 其他收益及費損淨額 | 710,127 | (496,224) |
| 6900 | 營業利益（損失） | 566,783,698 | 372,701,090 |
| | 營業外收入及支出 | | |
| | 利息收入 | | |
| 7101 | 銀行存款利息 | 5,139,149 | 11,454,032 |
| 7102 | 按攤銷後成本衡量之金融資產利息收入 | 754,873 | 919,670 |
| 7105 | 其他利息收入 | 2,522 | 339,480 |

資料來源：公開資訊觀測站

## 表 3：合併現金流量表（局部摘錄）

**2330 台灣積體電路製造股份有限公司**
**2020年第4季合併財務報告**

單位：新臺幣仟元

**現金流量表**

| 代號 | 會計項目 | 2020年1月1日至12月31日 | 2019年1月1日至12月31日 |
|---|---|---|---|
| | 營業活動之現金流量－間接法 | | |
| A00010 | 繼續營業單位稅前淨利（淨損） | 584,777,180 | 389,845,336 |
| A10000 | 本期稅前淨利（淨損） | 584,777,180 | 389,845,336 |
| | 調整項目 | | |
| | 收益費損項目 | | |
| A20100 | 折舊費用 | 324,538,443 | 281,411,832 |
| A20200 | 攤銷費用 | 7,186,248 | 5,472,409 |
| A20300 | 預期信用減損損失（利益）數／呆帳費用提列（轉列收入）數 | 3,672 | 1,714 |
| A20400 | 透過損益按公允價值衡量金融資產及負債之淨損失（利益） | (3,005) | 955,723 |
| A20900 | 利息費用 | 2,081,455 | 3,250,847 |
| A21200 | 利息收入 | (9,018,400) | (16,189,374) |
| A21300 | 股利收入 | (637,575) | (417,215) |
| A21900 | 股份基礎給付酬勞成本 | 6,612 | 2,818 |
| A22300 | 採用權益法認列之關聯企業及合資損益（利益）之份額 | (3,592,818) | (2,844,222) |
| A22500 | 處分及報廢不動產、廠房及設備損失（利益） | (188,863) | 949,965 |
| A22800 | 處分無形資產損失（利益） | 599 | 2,377 |
| A23100 | 處分投資損失（利益） | (1,439,420) | (537,835) |
| A23700 | 非金融資產減損損失 | 10,159 | (301,384) |
| A23900 | 未實現銷貨損失（損失） | 16,382 | 0 |
| A24000 | 已實現銷貨損失（利益） | 0 | (3,395) |
| A24100 | 未實現外幣兌換損失（利益） | (1,372,610) | (5,228,218) |
| A29900 | 其他項目 | (2,828) | (10,568) |
| A20010 | 收益費損項目合計 | 317,588,051 | 266,515,394 |

資料來源：公開資訊觀測站

## 表 4：合併權益變動表（局部摘錄）

**2330 台灣積體電路製造股份有限公司**
**2020年第4季合併財務報告**

單位：新臺幣仟元

**當期權益變動表**

| | | 3110 普通股股本 | 3100 股本合計 | 3200 資本公積 | 3310 法定盈餘公積 | 3320 特別盈餘公積 | 3350 未分配盈餘（或待彌補虧損） | 3300 保留盈餘合計 | 3410 國外營運機構財務報表換算之兌換差額 |
|---|---|---|---|---|---|---|---|---|---|
| A1 | 期初餘額 | 259,303,805 | 259,303,805 | 56,339,709 | 311,146,899 | 10,675,106 | 1,011,512,974 | 1,333,334,979 | (26,871,400) |
| B1 | 提列法定盈餘公積 | 0 | 0 | 0 | 0 | 0 | 0 | 0 | 0 |
| B3 | 提列特別盈餘公積 | 0 | 0 | 0 | 0 | 31,584,040 | (31,584,040) | 0 | 0 |
| B5 | 普通現金股利 | 0 | 0 | 0 | 0 | 0 | (259,303,805) | (259,303,805) | 0 |
| C3 | 因受領贈與產生者 | 0 | 0 | 7,242 | 0 | 0 | 0 | 0 | 0 |
| C7 | 採用權益法認列之關聯企業及合資之變動數 | 0 | 0 | 292 | 0 | 0 | 0 | 0 | 0 |
| D1 | 本期淨利（淨損） | 0 | 0 | 0 | 0 | 0 | 517,885,387 | 517,885,387 | 0 |
| D3 | 本期其他綜合損益 | 0 | 0 | 0 | 0 | 0 | (3,121,793) | (3,121,793) | (30,130,227) |
| D5 | 本期綜合損益總額 | 0 | 0 | 0 | 0 | 0 | 514,763,594 | 514,763,594 | (30,130,227) |
| M7 | 對子公司所有權益變動 | 0 | 0 | 0 | 0 | 0 | 0 | 0 | 0 |
| O1 | 非控制權益增減 | 0 | 0 | 0 | 0 | 0 | 0 | 0 | 0 |
| Q1 | 處分透過其他綜合損益按公允價值衡量之權益工具 | 0 | 0 | 0 | 0 | 0 | (108,687) | (108,687) | 0 |
| T1 | 其他 | 0 | 0 | 0 | 0 | 0 | 0 | 0 | 0 |
| Y1 | 權益增加(減少)總額 | 0 | 0 | 7,534 | 0 | 31,584,040 | 223,767,062 | 255,351,102 | (30,130,227) |
| Z1 | 期末餘額 | 259,303,805 | 259,303,805 | 56,347,243 | 311,146,899 | 42,259,146 | 1,235,280,036 | 1,588,686,081 | (57,001,627) |

資料來源：公開資訊觀測站

下幾個重點，粗略地了解這家公司的財務狀況。

## 賺錢 VS. 虧錢——看「綜合損益表」

這些重點是：首先，要瞭解一家公司經營狀況的好壞，可以先看這家公司有沒有賺錢？所以，我們可以先找到這家公司的「綜合損益表」，先看看它有沒有賺錢？賺多少錢？再看它的每股盈餘（EPS）有多少？這就好比我們看學習成績單，會先看看有沒有紅字一樣。

本資料由台積電公司提供

「投資人若需了解更詳細資訊可至XBRL資訊平台或電子書查詢」

**本公司採 月制會計年度(空白表曆年制)**

註:各會計項目金額之百分比,係採四捨五入法計算

**民國109年第4季**

單位：新台幣仟元

| 會計項目 | 109年度 | | 108年度 | |
|---|---|---|---|---|
| | 金額 | % | 金額 | % |
| 營業外收入及支出 | | | | |
| 　利息收入 | 9,018,400 | 0.67 | 16,189,374 | 1.51 |
| 　其他收入 | 660,607 | 0.05 | 417,295 | 0.04 |
| 　其他利益及損失淨額 | 6,803,112 | 0.51 | 944,202 | 0.09 |
| 　財務成本淨額 | 2,081,455 | 0.16 | 3,250,847 | 0.30 |
| 　採用權益法認列之關聯企業及合資損益之份額淨額 | 3,592,818 | 0.27 | 2,844,222 | 0.27 |
| 　營業外收入及支出合計 | 17,993,482 | 1.34 | 17,144,246 | 1.60 |
| 稅前淨利（淨損） | 584,777,180 | 43.66 | 389,845,336 | 36.43 |
| 所得稅費用（利益）合計 | 66,619,098 | 4.97 | 44,501,527 | 4.16 |
| 繼續營業單位本期淨利（淨損） | 518,158,082 | 38.69 | 345,343,809 | 32.28 |
| 本期淨利（淨損） | 518,158,082 | 38.69 | 345,343,809 | 32.28 |
| 其他綜合損益(淨額) | | | | |

資料來源：公開資訊觀測站

## 本業 VS. 業外——看「綜合損益表」

**Q** 所以有賺錢的公司就可以算是好公司，可以準備買進了嗎？

**A** 並不是說有賺錢的公司就值得你買進。因為知道這家公司在過去一段時間有賺錢、有盈餘之後，接下來，一樣是看「綜合損益表」，我們得要知道，這家公司賺錢的主要來源，是來自於本業的收入？還是來自於業外的收入？

有時候一家公司的帳面上有賺錢，而且跟之前各期（或各年度）比較起來，成果亮麗；但是，如果仔細一看，會發現這家公司之所以賺錢，收入竟然是來自於經營本業之外的收益，例如賣了一塊土地的收益，或者是變賣轉投資公司的股票而獲得的利潤。如果是因為這種情形而讓公司有盈餘，甚至有高於往年的盈餘，或許我們也不需要太過於見獵心喜，因為這家公司不會有太多的土地可以變賣（除非它是一家營建業），也不會有賣不完的股票。這家公司亮麗的綜合損益表數字，既不是來自於本業的經營成果，所以，也不會是長期而穩定的收入，因此，也不必對這家公司寄望太深。

## 實 VS. 虛——看「現金流量表」及「資產負債表」

**Q** 公司有賺錢，還得要分辨那是來自本業或是業外收入。如果多半是來自於本業的收入，應該就比較沒有問題了吧？

**A** 雖然公司有賺錢，而且主要是來自於本業收入，你還得進一步知道這家公司賺的是「實」的錢，還是「虛」的錢。這話怎麼說呢？有些公司號稱有賺錢，可是卻發生資金週轉不靈，而宣告倒閉（這叫做「黑字倒閉」；如果沒有賺錢，因而倒閉，稱為「赤字倒閉」）！這不是很冤枉，很不可思議嗎？因此，雖然在前兩個步驟，我們找到一家有賺錢的公司了，也知道公司的獲利來源主要是本業的收入，可是，如果我們從「現金流量表」上面，看到整個公司實際可以動用

## 合併現金流量表

本資料由台積電公司提供

「投資人若需了解更詳細資訊可至XBRL資訊平台或電子書查詢」

**本公司採 月制會計年度(空白表曆年制)**

**民國109年第4季**

單位：新台幣仟元

| 會計項目 | 109年度<br>金額 | 108年度<br>金額 |
|---|---|---|
| 營業活動之現金流量－間接法 | | |
| 營業活動之淨現金流入（流出） | 822,666,212 | 615,138,744 |
| 投資活動之現金流量 | | |
| 投資活動之淨現金流入（流出） | -505,781,714 | -458,801,647 |
| 籌資活動之現金流量 | | |
| 籌資活動之淨現金流入（流出） | -88,615,087 | -269,638,166 |

資料來源：公開資訊觀測站

的「現金」竟然少得可憐！那麼，對於這家公司的後勢發展，你可得要留心它會不會遇到經濟亂流、不景氣，甚至是被銀行抽銀根，而導致資金週轉不靈。

**Q 公司的淨利不是很高、有賺錢嗎？營業收入也是很好啊，為什麼「現金」很少呢？**

A 其遇到這種情況，我們得要找到「資產負債表」裡面的「應收款項」科目，結果發現，原來公司銷售貨物，竟然都是讓客戶賒帳的，所以「應收款項」才會那麼多！這也就是為什麼有賺錢的公司，竟然會週轉不靈了，因為該進帳的錢都還在客戶手上，沒有收回來啊！

然而，日常營運中，例如發給員工的薪津需要現金，繳交水電費也需要現金，跟上游廠商進貨備料，人家也是跟你要求現金支付！在現金來源（從賣出去的貨物而來的應收款項）不足以支應現金支出（上述各項林林總總的支出）的情況下，公司能夠撐多久呢？那也就可想而知了！

| 會計項目 | 普通股股本 | 股本合計 | 資本公積 | 法定盈餘公積 | 特別盈餘公積 | 未分配盈餘（或待彌補虧損） | 保留盈餘合計 |
|---|---|---|---|---|---|---|---|
| 期初餘額 | 259,303,805 | 259,303,805 | 56,315,932 | 276,033,811 | 26,907,527 | 1,073,706,503 | 1,376,647,841 |
| 提列法定盈餘公積 | 0 | 0 | 0 | 35,113,088 | 0 | -35,113,088 | 0 |
| 提列特別盈餘公積 | 0 | 0 | 0 | 0 | -16,232,421 | 16,232,421 | 0 |
| 普通股現金股利 | 0 | 0 | 0 | 0 | 0 | -388,955,707 | -388,955,707 |
| 因受領贈與產生者 | 0 | 0 | 3,993 | 0 | 0 | 0 | 0 |
| 採用權益法認列之關聯企業及合資之變動數 | 0 | 0 | 19,414 | 0 | 0 | 0 | 0 |
| 本期淨利（淨損） | 0 | 0 | 0 | 0 | 0 | 345,263,668 | 345,263,668 |
| 本期其他綜合損益 | 0 | 0 | 0 | 0 | 0 | 217,059 | 217,059 |
| 本期綜合損益總額 | 0 | 0 | 0 | 0 | 0 | 345,480,727 | 345,480,727 |

資料來源：公開資訊觀測站

## 股東的待遇好 VS. 差——看「權益變動表」

**Q** 如果這家公司的獲利狀況很好，也都來自於本業的營收，現金流量狀況也很好，那我們還要注意什麼嗎？？

**A** 如果初步檢驗公司的獲利數字、現金流量來源等，都沒有太多的疑慮之後，接著我們要來看看，如果我們身為這家公司的股東，是不是也能夠參與公司績效斐然的盈餘分配呢？換句話說，我們可以有比較好的分紅配股等待遇嗎？這時候，我們可以找出這家公司的「權益變動表」，來看看這家公司歷年來配發給股東的股票股利或現金股利狀況如何？

有些公司總是宣稱還要擴充廠房、添購機器設備，或者是在可預期的未來，有打算垂直或水平整合，也就是要去購併其他家公司，因此，得要將盈餘保留下來，以期有足夠的銀彈可以完成這些事。這時候，雖然公司的 EPS（每股盈餘）很高，可是股東真正能參與分配到的股利卻遠不如預期！如果身為股東的你能夠接受這家許你美好願景公司的說詞，那麼，你就可以懷抱希望，等著股價上漲（然後賣掉賺價差，就是可以賺取資本利得），或者期待來年，公司可以給你一個大大的紅利（就是發給你股票股利或現金股利）了！

**觀念速解**

**購併**

指兩家或更多的獨立企業或公司，共同組成一家企業或公司的過程，通常是由一家具優勢或資本額較高的公司吸收一家或多家公司。

**觀念速解**

**盈餘**

指企業在經營時，營業收入扣除成本及費用之後若為正數，即為盈餘。

第2天　第2小時

# 解讀財報四大表，
# 買股不再買心酸！

前面簡單的幾個觀念，是想給初學閱讀財務報表的讀者有個基本的心理建設，知道財務報表其實並不是那麼遙不可及的。然而，如果打算更進一步去瞭解公司經營狀況的話，還是得要深入閱讀各項財務報表，去瞭解各個數字之間變化的關連性，並且去對照同業相同的科目或者趨勢變化，才能夠發掘出真正的問題來。這對於公司經營管理階層來說，是必要做的功課之一；對於投資人來講，也是挑選好的標的物必要的知識與技能。因此，我們就先來瞭解這四大財務報表基本的功能，以及如何重點式的閱讀其內容。

單元重點

· 檢驗企業體質強弱，會不會被金融海嘯打敗，就看資產負債表
· 是賺或賠？本業還是業外收入多？綜合損益表有第一手資訊
· 黑字倒閉？是賺錢還是在燒錢？企業「含（現）金量」多寡，現金流量表顯露無遺！
· 企業賺很大，可是股東吃不到肉、只能喝清湯？股東到底擁有多少「好處」（權益數）？權益變動表裡有哪些資訊，是投資人非懂不可的？

## 資產負債表：公司的資金來源及資金去處

### Q 如果我們想知道公司資金主要的來源是來自於借款或是股東，可以從哪一張報表看出來？

A 可以從「資產負債表」看出來。「資產負債表」是用來表示一家公司在一個特定的日期（通常為每一年的最後一天；但這會因為不同的會計年度起訖時間點而有所不同）的財務狀況。透過「資產負債表」，我們可以清楚明白，公司擁有多少的資源（也就是「資產」）；而這些資源又是如何來的？是借來的（就是「負債」）？還是自有的（由股東拿

出來的，稱為「股東權益」）？所以，在某一個特定的時間
點，公司整體的資金來源將等於所有資金的用途或去處。

 **會計最基本的恆等式：資產＝負債＋股東權益**

如果這個等式不成立，要不就是帳務出錯，再不然，就
要擔心公司的資產是不是被掏空了。

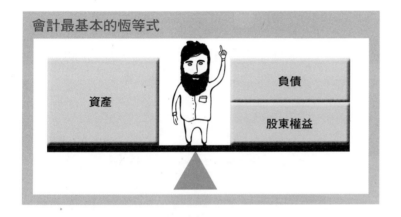

會計最基本的恆等式

資產　｜　負債
　　　　｜　股東權益

**Q** 那麼在資產負債表中，有哪一些項目是我們應該要瞭
解的呢？

**A** 在資產負債表中，會按照資產、負債、股東權益分類
分項列示；「資產」項目通常會按照流動性大小列示，其
中有多少資源是屬於「流動資產」（有些是現金，有些資
產是「交易用」或「備供出售」的）、又有多少是「非流
動資產」的（這在以往有可能稱做「長期投資」）、又有
多少資源是「不動產」，以及「無形資產」等等。「負債」
項下又按照是否要在一年之內清償，分為「流動負債」及
「非流動負債」；至於「股東權益」的三個主要項目包括：
股本、資本公積、保留盈餘。

觀念速解

**保留盈餘**

指公司歷年營運累積的
獲利，還未以現金或其
他資產方式分配給股
東，或轉為資本、資本
公積者。可以視為公司
的「存款預備金」，除
了規定10%為「法定
盈餘公積」，及公司特
殊用途的「特別盈餘公
積」，剩下的「未分配
盈餘」是筆可自由運用
的資金，因此保留盈餘
為正的公司，其財務彈
性較佳。

**Ⓠ 資產負債表包含這麼多的項目,我們可以從哪些大項目開始分析解讀呢?**

**Ⓐ**「資產負債表」可以提供我們很多財務分析的基本資料,其中市場關注的焦點會集中在「流動資產」及「流動負債」兩項。「流動」兩個字,著重在一年之內的變化,所以「流動資產」是指一年之內可以變成現金的資產;「流動負債」是指一年之內就得要清償的債務。要瞭解一家公司是不是有能力支付即將到期的債務,先得比較該公司的「流動資產」與「流動負債」,如果即將到期的債務,公司沒有準備足夠的資源(就是「流動資產」)以供清償的話,公司可能就會違約,接著會面臨經營上的立即危機。因此,閱讀「資產負債表」首先需要注意短債以及長債的變化。

### 合併資產負債表

本資料由聯發科公司提供

「投資人若需了解更詳細資訊可至XBRL資訊平台或電子書查詢」

本公司採 月制會計年度(空白表曆年制)

註:各會計項目金額之百分比,係採四捨五入法計算

#### 民國109年第3季

單位:新台幣仟元

| 會計項目 | 109年09月30日 | | 108年12月31日 | | 108年09月30日 | |
|---|---|---|---|---|---|---|
| | 金額 | % | 金額 | % | 金額 | % |
| 流動資產 | | | | | | |
| 現金及約當現金 | 170,040,541 | 34.66 | 177,544,914 | 38.71 | 155,972,134 | 34.36 |
| 透過損益按公允價值衡量之金融資產－流動 | 8,344,758 | 1.70 | 6,342,734 | 1.38 | 7,315,934 | 1.61 |
| 透過其他綜合損益按公允價值衡量之金融資產－流動 | 5,924,623 | 1.21 | 19,026,604 | 4.15 | 42,237,386 | 9.31 |
| 按攤銷後成本衡量之金融資產－流動 | 0 | 0.00 | 259,415 | 0.06 | 260,565 | 0.06 |
| 應收票據淨額 | 4,016 | 0.00 | 2,811 | 0.00 | 13,223 | 0.00 |
| 應收帳款淨額 | 37,991,810 | 7.74 | 26,829,271 | 5.85 | 30,432,201 | 6.70 |
| 應收帳款－關係人淨額 | 811 | 0.00 | 5,000 | 0.00 | 5,000 | 0.00 |
| 其他應收款淨額 | 5,708,692 | 1.16 | 6,313,078 | 1.38 | 7,050,371 | 1.55 |
| 本期所得稅資產 | 865,219 | 0.18 | 552,689 | 0.12 | 704,196 | 0.16 |
| 存貨 | 31,010,119 | 6.32 | 27,615,237 | 6.02 | 31,028,056 | 6.84 |
| 預付款項 | 1,617,779 | 0.33 | 1,550,085 | 0.34 | 2,119,327 | 0.47 |
| 待出售非流動資產(或處分群組)淨額 | 7,555,610 | 1.54 | 0 | 0.00 | 0 | 0.00 |
| 其他流動資產 | 882,907 | 0.18 | 687,263 | 0.15 | 1,093,096 | 0.24 |

資料來源:公開資訊觀測站

**Q 所以透過「資產負債表」，還可以瞭解公司經營上的變化？**

**A** 透過「資產負債表」不同科目之間的比值，還可以進一步來瞭解公司的財務結構以及經營狀況。例如，將「流動資產」與「流動負債」進行比較，可以計算出「流動比率」；將「速動資產」與「流動負債」進行比較，可以計算出「速動比率」等。

從這幾個比率可以知道企業的變現能力、償債能力和資金周轉能力等，藉由這幾個比率的變化，將有助於會計報表使用者作出決策，強化公司的財務結構及競爭力。這些比率所代表的意義，我們在往後的章節會陸續介紹。

## 綜合損益表：最受投資人重視的一張報表，可用來分析公司的獲利情況

**Q 我們常聽到報紙新聞說，這家公司賺多少錢，可以從哪張報表得知呢？**

**A** 可以從「綜合損益表」看出來。就股票投資基本分析而言，「綜合損益表」是四大財務報表當中，研究個股基本面的核心報表；因為一家公司經營得好不好？會不會賺錢？賺多少錢？又賺了什麼項目的錢？（是本業經營得好而賺到錢？還是因為賣了塊地、或是其他的業外收益所賺到的錢？）未來的成長力道如何？都可以從「綜合損益表」看出端倪。

 「綜合損益表」是研究個股基本面的核心報表

**速動資產**

將流動資產扣除存貨及預付款項之後的各科目總合稱之。

**速動比率**

指速動資產對流動負債的比率，用以衡量企業流動資產中可立即變現用於償還流動負債的能力。

**Q** 綜合損益表還隱含這麼多公司賺錢或虧錢的訊息啊？

**A** 「綜合損益表」是用來揭露企業體在某一段期間如何獲利，或虧損為何發生的財務報表。它是一張「動態」的報表（四大報表中，只有「資產負債表」是靜態報表），仔細研究，可以從中分析出該企業體利潤增減變化的原因、企業體的經營成本如何變化，以及一個企業體的經營效率和經營成果，進而作出投資決策。由於「綜合損益表」隱含許多決策相關資訊，不僅經營管理階層緊盯著這張報表而步步為營，投資人在作出投資決策前，也需要深切瞭解公司為何賺錢？因何虧損？未來走向如何？

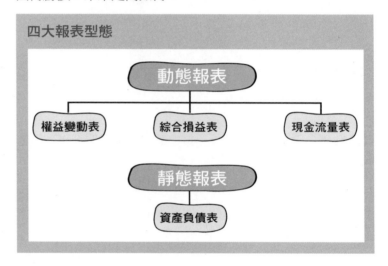

四大報表型態

動態報表

權益變動表　　綜合損益表　　現金流量表

靜態報表

資產負債表

**Q** 那麼在閱讀「綜合損益表」時，又有哪些眉角呢？

**A** 在閱讀「綜合損益表」時，有幾個關鍵的地方需要特別注意。首先是「每股盈餘（Earnings Per Share, EPS）」的結構。

每股盈餘（EPS）＝（稅後淨利－特別股股利）／加權平均已發行股數

　　有時候報章雜誌會報導說，某一家公司的 EPS 在某一段時間（可能是月或季）突然增加幾元，在面對這項突如其來、爆發性的收入，請先別見獵心喜，就貿然地要成為它的股東。就像前面提到的，投資人要先去研究一下這家公司的獲利來源，也就是它 EPS 的結構。這家公司突如其來的收益，是不是來自本業的業績收入呢？有時候，這些公司是因為賣了土地、某棟大樓或者是其他轉投資公司的股票等，而獲得的「業外」收益；如果真是這樣，那麼這則訊息有可能只是影響短期的股價表現而已。因為，這家公司的「本業」並不是以賣土地或大樓為主吧（除非它是營建類股）？而且公司也不會有那麼多的土地或大樓供它常常變賣吧？還有，這家公司也不是專業的投資公司（像是創投公司），會有賣不完的股票吧？因此，我們會認為，這樣的「創新高」收益，只會是「短期」的表現而已。

　　而這樣的情況，其實並不算罕見，有些公司在某一段期間本業獲利不好的時候，就會有出脫轉投資公司的持股，以營造公司「有賺錢」的假象。因此，當你看到報章雜誌長篇累牘、大書特書某家公司的每股盈餘創下歷史新高的同時，你得要留心這些公司的獲利來源是什麼？有沒有可能本業上的獲利反而是大幅衰退的？有時媒體會刻意忽略報導這類消息（如果在整體大環境氣氛都很好時，就算媒體真實報導出獲利的主要來源，讀者可能也會視而不見吧！）甚至於，有時公司「稅後」的每股盈餘，反倒要比「稅前」的每股盈餘要來得高。

　　很奇怪吧？繳完稅，還會比未繳稅的盈餘要來得多？這是怎麼一回事啊？原來有些公司可能符合某些政府的專案計畫（例如之前的獎勵投資條例或是促進生產條例等），因此，可以有所謂的「退稅」利益，於是就會造成「稅後」的盈餘竟然要比「稅前」的盈餘要來得多的奇特現象了！如果是這樣，就算有再高的 EPS，好像也不是屬於這家公司經營

# 合併綜合損益表

本資料由聯發科公司提供

「投資人若需了解更詳細資訊可至XBRL資訊平台或電子書查詢」

本公司採 月制會計年度(空白表曆年制)

註:各會計項目金額之百分比,係採四捨五入法計算

民國109年第3季

單位:新台幣仟元

| 會計項目 | 109年第3季 金額 | % | 108年第3季 金額 | % | 109年01月01日至109年09月30日 金額 | % | 108年01月01日至108年09月30日 金額 | % |
|---|---|---|---|---|---|---|---|---|
| 本期淨利(淨損) | 13,366,548 | 13.74 | 6,902,381 | 10.27 | 26,481,448 | 11.73 | 16,821,247 | 9.27 |
| 其他綜合損益(淨額) | | | | | | | | |
| 確定福利計畫之再衡量數 | 0 | 0.00 | 0 | 0.00 | 0 | 0.00 | -15 | 0.00 |
| 透過其他綜合損益按公允價值衡量之權益工具投資未實現評價損益 | -9,712,087 | -9.98 | 15,335,961 | 22.81 | -3,662,376 | -1.62 | 33,357,510 | 18.38 |
| 採用權益法認列之關聯企業及合資之其他綜合損益之份額-不重分類至損益之項目 | 10,477,789 | 10.77 | 4,393,795 | 6.54 | 20,090,809 | 8.90 | 5,422,574 | 2.99 |
| 與重分類之項目相關之所得稅 | -941,606 | -0.97 | 1,539,252 | 2.29 | -176,398 | -0.08 | 3,255,835 | 1.79 |
| 不重分類至損益之項目 | 1,707,308 | 1.76 | 18,190,504 | 27.06 | 16,604,831 | 7.36 | 35,524,234 | 19.57 |
| 國外營運機構財務報表換算之兌換差額 | -1,664,508 | -1.71 | -1,659,244 | -2.47 | -4,660,984 | -2.06 | -700,826 | -0.39 |
| 透過其他綜合損益按公允價值衡量之債務工具投資未實現評價損益 | -5,832 | -0.01 | -7,045 | -0.01 | 17,965 | 0.01 | 35,806 | 0.02 |
| 採用權益法認列之關聯企業及合資之其他綜合損益之份額-可能重分類至損益之項目 | 1,039,736 | 1.07 | -164,660 | -0.24 | 818,001 | 0.36 | -246,480 | -0.14 |
| 後續可能重分類至損益之項目 | -630,604 | -0.65 | -1,830,949 | -2.72 | -3,825,018 | -1.69 | -911,500 | -0.50 |
| 其他綜合損益(淨額) | 1,076,704 | 1.11 | 16,359,555 | 24.34 | 12,779,813 | 5.66 | 34,612,734 | 19.07 |
| 本期綜合損益總額 | 14,443,252 | 14.85 | 23,261,936 | 34.60 | 39,261,261 | 17.39 | 51,433,981 | 28.34 |
| 淨利(損)歸屬於: | | | | | | | | |
| 母公司業主(淨利損) | 13,251,148 | 13.62 | 6,870,577 | 10.22 | 26,170,393 | 11.59 | 16,706,399 | 9.20 |
| 非控制權益(淨利損) | 115,400 | 0.12 | 31,804 | 0.05 | 311,055 | 0.14 | 114,848 | 0.06 |
| 母公司業主(綜合損益) | 14,299,631 | 14.70 | 23,252,465 | 34.59 | 38,974,824 | 17.27 | 51,333,955 | 28.28 |
| 非控制權益(綜合損益) | 143,621 | 0.15 | 9,471 | 0.01 | 286,437 | 0.13 | 100,026 | 0.06 |
| 基本每股盈餘 | | | | | | | | |
| 繼續營業單位淨利(淨損) | 8.42 | | 4.38 | | 16.65 | | 10.66 | |
| 基本每股盈餘 | 8.42 | | 4.38 | | 16.65 | | 10.66 | |

資料來源:公開資訊觀測站

團隊的功勞吧?然而這些訊息,有時候媒體並不會詳細揭露出來;這時候,我們可以在公開資訊觀測站公布該公司的財務報表中,完整地看到這些資訊。

**Ⓠ 除了瞭解 EPS 的結構之外,還需要注意什麼嗎?**

Ⓐ 一般投資人先看到 EPS 高低,就決定是否投資,真的會有點危險;除了必須注意本業和業外收益之分,還得要留心營業收入的來源以及與去年同期的比較結果。

一般我們看到報導上說,某月營收月增率(就是 MoM,month on month,本月與上月比)或是季增率(就是 QoQ,quarter on quarter,本季與前一季相比)增加,這有

可能只是季節性的淡、旺季效應而已。例如大多數的個人電腦（PC）相關族群，多半是 8 月到 10 月才陸續步入產業旺季（有人說是返校效應，因為學生開學了，需要添購個人電腦）；以及消費性電子產業在每年的第四季通常是旺季（歐美的聖誕節、華人的過年，有添購禮物的需求），所以 11 月、12 月的月增率，比起 8 月、9 月來說，增加、甚至是大幅度的增加是很正常的。但若是以年增率（就是 YoY，year on year，本期與去年同期相比）來看，數字竟然是減少的。這其實是說明：今年第四季的旺季效應要比去年第四季的狀況要來得差，如果是這樣，還得要去深入瞭解財務狀況，以免誤信高營收的錯誤資訊，而住進「高檔套房」。

**Ⓠ 所以營收狀況得要跟上個月比，還要跟去年同一時期比較，才能夠知道真實的財務狀況？**

Ⓐ 另外，我們要再更深入地解讀該公司的營業收入來源；因為這攸關該公司未來可長可久的經營模式及獲利結構；以中長期投資為主的散戶，更是不能錯過財務報表揭露出來的訊息。

首先，營收不能夠只看單月或單一季的數字，因為這可能牽涉到產業傳統淡旺季或景氣循環的效應，這在前一段落已經提過了。而在營收方面，我們還得注意：

❶ 該公司的營收貢獻來自於哪些主力產品？這些主力產品是否仍擁有市場利基？短期內是否不容易有競爭者出現，甚或直接取代？

❷ 該公司的銷售區域，是不是很集中在某一個國家或地區？如果是的話，會不會因為某一個國家或某一地區突然的不景氣而影響出貨，進而讓營收大幅度的滑落？譬如前幾年宏碁在泛歐地區的大幅度虧損，就跟歐豬五國的國家債務拖累整個歐元地區有關。

❸ 客戶的來源集中度問題。該公司的客戶來源，是不是都是關係企業？如果是的話，要考慮銷貨的真實性問題（會不會有假銷貨、真塞貨的情況？也就是說，有沒有創立另一家公司來當作「倉庫」？）另外，如果客戶過度集中的話，公司的業績就很容易隨著這些大客戶的經營起伏，跟著大幅度地波動；而這樣的起伏波動，卻是繫於他人之手，一點也無法預測應變。這樣的公司業績受制於他人，絕非理想狀況。

❹ 該公司的營收穩定性及成長趨勢如何？如果一個公司的營收大幅度地起落，要思索是不是有人為操縱的嫌疑？這可以從「資產負債表」中的「應收帳款」及「應付帳款」的數字變動來推敲得知（也就是觀察該公司會不會有「延遲入帳」或「提早入帳」的情況產生）。

本資料由聯發科公司提供

「投資人若需了解更詳細資訊可至XBRL資訊平台或電子書查詢」

本公司採 月制會計年度(空白表曆年制)

註:各會計項目金額之百分比,係採四捨五入法計算

民國109年第3季

單位：新台幣仟元

| 會計項目 | 109年第3季 | | 108年第3季 | | 109年01月01日至109年09月30日 | | 108年01月01日至108年09月30日 | |
|---|---|---|---|---|---|---|---|---|
| | 金額 | % | 金額 | % | 金額 | % | 金額 | % |
| 營業收入合計 | 97,274,734 | 100.00 | 67,224,354 | 100.00 | 225,740,762 | 100.00 | 181,513,352 | 100.00 |
| 營業成本合計 | 54,246,316 | 55.77 | 38,934,446 | 57.92 | 127,068,704 | 56.29 | 105,960,251 | 58.38 |
| 營業毛利（毛損） | 43,028,418 | 44.23 | 28,289,908 | 42.08 | 98,672,058 | 43.71 | 75,553,101 | 41.62 |
| 營業毛利（毛損）淨額 | 43,028,418 | 44.23 | 28,289,908 | 42.08 | 98,672,058 | 43.71 | 75,553,101 | 41.62 |
| 營業費用 | | | | | | | | |
| 推銷費用 | 3,707,585 | 3.81 | 3,023,989 | 4.50 | 9,930,926 | 4.40 | 7,761,254 | 4.28 |
| 管理費用 | 2,204,838 | 2.27 | 1,646,627 | 2.45 | 5,591,388 | 2.48 | 4,866,805 | 2.68 |
| 研究發展費用 | 22,547,479 | 23.18 | 16,590,241 | 24.68 | 55,299,882 | 24.50 | 46,604,213 | 25.68 |
| 預期信用減損損失（利益） | -59,930 | -0.06 | -257 | 0.00 | 3,476 | 0.00 | -20,426 | -0.01 |
| 營業費用合計 | 28,399,972 | 29.20 | 21,260,600 | 31.63 | 70,825,672 | 31.37 | 59,211,846 | 32.62 |
| 營業利益（損失） | 14,628,446 | 15.04 | 7,029,308 | 10.46 | 27,846,386 | 12.34 | 16,341,255 | 9.00 |

資料來源：公開資訊觀測站

**Q** 可是通常報章媒體不會報導得這麼仔細，相關訊息要去哪裡找呢？

**A** 上述幾種關於營收的狀況，都不容易在短短的媒體報導中一窺究竟；因為受限於篇幅，報章媒體往往只能夠帶到營收數字，或者是某些營收的變化而已，對於具體內容，往往付之闕如，還是得要從公司的財務資訊當中，才能夠進一步瞭解個中原委。

**Q** 綜合損益表除了看營收數字之外，還有沒有哪些數字來源，也是必須要特別注意的？

**A** 除了公司的營收是觀察綜合損益表的重頭戲之外，對於相對應的「營業成本」也須注意。如果公司的營業成本持續攀升，表示該公司的「營業毛利」是由高走低，持續下降（參看以下公式）。如果同業也有類似的情形發生，代表這個產業或許已經步入成熟期，超額利潤已經不多，就應該另外找尋成長產業投資。但如果不是同類型產業「齊步走」的情況，表示該公司成本效益控管出了問題，那麼更應該對該公司敬而遠之！由此可見，綜合損益表可以提供關於公司成長性如此多的訊息。

 營業收入－營業成本＝營業毛利
營業毛利－營業費用＝營業利益（由本業經營的損益）
營業毛利／營業收入＝營業毛利率
營業利益／營業收入＝營業利益率

## 現金流量表：以實際現金收付的角度解讀「資產負債表」及「綜合損益表」

**Q** 如果公司赤字倒閉，大家都可以接受，可是有些公司帳上明明有賺錢，卻宣告週轉不靈而倒閉，這種地雷股，有辦法避免嗎？

**A**「赤字倒閉」好像是天經地義，可是「黑字倒閉」的確讓人不可思議！這時候，我們除了閱讀「綜合損益表」之外，還得要去仔細研讀「現金流量表」。「現金流量表」可以反映企業體在一段會計期間內，「現金」和「約當現金」流入和流出的報表。所謂「現金」，是指企業手中持有現金以及可以隨時用於支付的存款部位；「約當現金」則是指企業持有的期限短、流動性強、易於轉換而不會發生太多損失、價值變動風險很小的投資部位。

過去的企業經營，多半只強調「資產負債表」與「綜合損益表」兩大表，然而隨著企業經營的多角化與複雜化，對財務資訊的需求也日益細緻；尤其近年來，有許多企業在經

### 合併現金流量表

本資料由聯發科公司提供

「投資人若需了解更詳細資訊可至XBRL資訊平台或電子書查詢」

**本公司採 月制會計年度(空白表曆年制)**

民國109年第3季

單位：新台幣仟元

| 會計項目 | 109年01月01日至109年09月30日 | 108年01月01日至108年09月30日 |
|---|---|---|
| | 金額 | 金額 |
| 籌資活動之淨現金流入（流出） | -39,680,532 | -11,191,912 |
| 匯率變動對現金及約當現金之影響 | -3,468,600 | -404,073 |
| 本期現金及約當現金增加（減少）數 | -6,189,047 | 12,801,889 |
| 期初現金及約當現金餘額 | 177,544,914 | 143,170,245 |
| 期末現金及約當現金餘額 | 171,355,867 | 155,972,134 |
| 資產負債表列之現金及約當現金 | 170,040,541 | 155,972,134 |

資料來源：公開資訊觀測站

營的過程中，因為資金的週轉出問題，導致公司衰敗的例子屢見不鮮，於是報導企業資金動向的「現金流量表」，也開始獲得許多企業經營者的重視。特別是，「現金流量表」可用於分析一家企業體在短期內有沒有足夠的現金應付開銷？會不會因為可用資金短缺而週轉不靈？都是在閱讀財報當中不可或缺的資訊。

**Q** 那麼「現金流量表」有哪些重點，是我們在閱讀解析時，需要特別注意的？

**A** 公司在經營過程中，有三個活動會影響現金流量，分別為營業、投資及融資（或稱為籌資）三個活動。重點分別說明如下：

## 現金流量產生來源

| | |
|---|---|
| 營業活動 | 營業活動主要是指與本業經營相關，而且列入損益計算的交易事項；這是「現金流量表」最重要的一部分！現金流入部分包括：銷售商品、提供勞務等活動收到的現金；現金流出部分，包括購買商品、接受勞務、廣告宣傳、繳納稅金等支付的現金。 |
| 投資活動 | 投資活動是指與處分或買進長短期投資部位、固定資產等項目有關。現金流入部分則包括：處分掉投資部位、投資所產生的收益、處分固定資產等活動收到的現金；現金流出部分，包括購建固定資產、買進長短期資產、和對外投資等活動所支付的現金。如果有某些居心叵測的企業經營者想要掏空公司資產的話，就會藉由本活動，而將公司的現金挪出去，投資人要特別小心。 |
| 融資活動 | 所謂融資活動，包含向股東籌資或配發現金股利、向債權人舉債借款或償還債務，以及購買庫藏股等事項。所以，現金流入部分包括：股東增資款、借入款項、發行債券等活動所收到的現金；現金流出部分包括：償還借款、償還債券、支付利息、分配股利等活動所支付的現金。 |

「現金流量表」的分析需要結合「綜合損益表」和「資產負債表」進行綜合分析，以求全面、客觀地瞭解企業現金的來龍去脈和現金的收支情形，藉此瞭解企業的經營狀況、產生現金的能力和籌資能力等。有些相關的分析指標，我們將在下一個單元繼續更深入地分析。

## 權益變動表：公司對股東的「待遇」如何？

**Q** 分析完前面三大張報表，是不是就可以安心買股票，成為公司的股東了呢？

**A** 在成為股東之前，最好還是要分析一下「權益變動表」。「權益變動表」是用來反映所有者或股東權益變動的情況。一家公司可能有賺錢，甚至於賺很多錢（當然從「綜合損益表」可以看得出來），可是，它不一定會發給股東很多的現金股利或股票股利（有時可能對員工反而更好，可從員工的「分紅配股」資訊得知）。有時候公司沒有賺錢，或者沒有賺很多錢，可是公司卻可以配發不錯的現金股利或股票股利。這是為什麼呢？都可以從「權益變動表」得知。

**Q** 「權益變動表」裡還有這麼多有用的資訊啊？

**A** 簡單地說，「權益變動表」可以展現企業在某一段時間內，股東權益如何因為企業的 CEO 經營一段時間之後而產生盈虧，以及因為股利的發放而發生變動的情形。我們可以從中看出來，公司如何對待股東，也就是股東權益的各組成部分，在當期的增減變動情況的報表。

**Q** 那麼「權益變動表」裡，又有哪些重點項目，是我們非得要瞭解不可的？

**A** 在股東權益的各組成部分當中，「股本」的變化是相當重要的一個項目。我們知道，「股本」的大小會影響到每股盈餘，而每股盈餘又會影響到股價。因此，對於會影響到股本的事件（例如發派股票股利或發行可轉換公司債等），自然必須要特別留心。

除此之外，「保留盈餘」的增減變動情形也得要注意。公司的保留盈餘，主要是從每一期綜合損益表的稅後淨利移轉而來。公司當年度是賺錢或虧錢？是配發現金股利或股票

**觀念速解**

**股本**

顧名思義，即股票的原始資本，係指股東在所投資的公司中所占的權益，公式為股票面值（一般為 10 元）乘以發行的股份總額。

**觀念速解**

**稅後淨利**

指企業在某一定期間內，本業及業外收入扣除所有成本後的總和，再扣掉營利事業所得稅後的數值，若為正數，則稱為稅後淨利，反之則為稅後淨損。

**合併權益變動表**

本資料由聯發科公司提供

「投資人若需了解更詳細資訊可至XBRL資訊平台或電子權益應」

本公司採 月制會計年度(空白表歷年制)

本期

| 會計項目 | 普通股股本 | 預收股本 | 股本合計 | 資本公積 | 法定盈餘公積 | 未分配盈餘（或待彌補虧損） | 保留盈餘合計 | 國外營運機構財務報表換算之兌換差額 | 透過其他綜合損益按公允價值衡量之金融資產未實現評價(損)益 | 其他 |
|---|---|---|---|---|---|---|---|---|---|---|
| 民國109年前3季 | | | | | | | | | | |
| 期初餘額 | 15,896,473 | 3,780 | 15,900,253 | 82,392,203 | 41,507,689 | 127,729,843 | 169,237,532 | -3,949,641 | 50,322,680 | -1,096,713 |
| 期初重編後餘額 | 15,896,473 | 3,780 | 15,900,253 | 82,392,203 | 41,507,689 | 127,729,843 | 169,237,532 | -3,949,641 | 50,322,680 | -1,096,713 |
| 提列法定盈餘公積 | 0 | 0 | 0 | 0 | 3,075,336 | -3,075,336 | 0 | 0 | 0 | 0 |
| 普通股現金股利 | 0 | 0 | 0 | 0 | 0 | -7,944,252 | -7,944,252 | 0 | 0 | 0 |
| 資本公積配發現金股利 | 0 | 0 | 0 | -8,738,677 | 0 | 0 | 0 | 0 | 0 | 0 |
| 其他資本公積變動數 | 0 | 0 | 0 | 355,492 | 0 | 0 | 0 | 0 | 0 | 0 |
| 本期淨利（淨損） | 0 | 0 | 0 | 0 | 0 | 26,170,393 | 26,170,393 | 0 | 0 | 0 |
| 本期其他綜合損益 | 0 | 0 | 0 | 0 | 0 | 0 | 0 | -3,818,365 | 16,822,798 | 0 |
| 本期綜合損益總額 | 0 | 0 | 0 | 0 | 0 | 26,170,393 | 26,170,393 | -3,818,365 | 16,822,798 | 0 |
| 庫藏股買回 | 0 | 0 | 0 | 0 | 0 | 0 | 0 | 0 | 0 | 0 |
| 發放子公司股利列增資本公積 | 0 | 0 | 0 | 81,845 | 0 | 0 | 0 | 0 | 0 | 0 |
| 實際取得或處分子公司股權價格與帳面價值差額 | 0 | 0 | 0 | 1,137,095 | 0 | 0 | 0 | 0 | 0 | 0 |
| 對子公司所有權權益變動 | 0 | 0 | 0 | 689,967 | 0 | 0 | 0 | 0 | 0 | 0 |
| 股份基礎給付 | 4,416 | 10,670 | 15,086 | 135,495 | 0 | 0 | 0 | 0 | 0 | 0 |
| 處分透過其他綜合損益按公允價值衡量之權益工具 | 0 | 0 | 0 | 0 | 0 | 11,586,984 | 11,586,984 | 0 | -11,586,984 | 0 |
| 其他 | -13,223 | 0 | -13,223 | 291,240 | 0 | 3,352 | 3,352 | 0 | 0 | 636,845 |
| 權益增加(減少)總額 | -8,807 | 10,670 | 1,863 | -6,047,543 | 3,075,336 | 26,741,141 | 29,816,477 | -3,818,365 | 5,035,812 | 636,845 |
| 期末餘額 | 15,887,666 | 14,450 | 15,902,116 | 76,344,660 | 44,583,025 | 154,470,984 | 199,054,009 | -7,768,006 | 55,358,492 | -459,868 |

資料來源：公開資訊觀測站

股利？董監酬勞、員工分紅等，也會造成「保留盈餘」的變動。因此，在閱讀「權益變動表」時，也得要多所留心。

# 機會 VS. 風險：搞懂財務比率分析，讓你不再誤觸地雷！

前面我們已經學到閱讀財務報表的幾項重點，接下來，有關各個數字之間變化的關連性，以及數字與數字之間的比值關係，也是在挑選標的時必須要瞭解的。

> · 「財務結構」相關的比率——瞭解公司體質是否健全
> · 解讀「負債比率」，應考慮產業及景氣變化
> · 解讀「長期資金占固定資產比率」，應評估其資金是否「以短支長」
> · 解讀「償債能力」相關的比率，瞭解公司適不適合舉債經營
> · 解讀「流動比率」跟「速動比率」，應考慮一段時期比率的變化走勢

## 財務報表是公司的體檢報告書，見微可以知著

**Q** 有人把公司的財務報表類比成健檢報告書，這麼多的數字，和我們架構投資組合有關係嗎？

**A** 上次我們提到，可以將經濟數據分成四大類：關於製造業經濟活動指標、關於物價水準及民間消費相關指數、關於房地產相關數據以及就業相關數據。接下來，我們就先來看看跟物價水準及民間消費有關的指標數字，應該要如何解讀。

　　一般人對閱讀財務報表的刻板印象，總認為像是在看一本有字天書一樣，裡面密密麻麻的數字，總會讓人望而卻步。可是財務報表畢竟就像是公司的體檢報告書，除了可以讓公司的經營管理階層具體瞭解公司在經營一段時間之後，有哪些地方值得稱許，又有哪些地方需要改進的，並據此提出改善方案、付諸實行，希望下一個月、下一季，乃至下一年度，可以交出好成績；而對投資人來說，更是可以趁著財

報公布時，來檢視一下自己所投資的標的，或是計畫投資標的之公司經營成果如何，並據此汰弱留強、調整投資組合。

既然財務報表有這麼多且重要的功能，那麼，我們就應該要知道，如何從眾多數字當中，有效率地閱讀財務報表。如此一來，公司與公司間財務報表的比較以及比率分析，就是一項必須要學會的技巧。

**Q** **我們前面提到的是四大財務報表個別的特色與功能。那如果我們要比較公司與公司的財務報表時，有沒有什麼需要注意的地方？**

**A** 要提醒讀者的是，在比較、解讀這些財務報表時，有兩個基本原則要注意：一個是跟自己比，跟公司自己的過去比，也就是跟上一個月、上一季或去年同期相比；另一個是跟市場中同類型公司比。而如何找到同類型的公司呢？可以上公開資訊觀測站查詢，看看這些公司的業務營運項目和比重是否相差不大？有相似業務的公司才能直接比較，不然可能就沒有意義。如果同類型公司的營收和獲利趨勢形態差不多，或許可以解讀成該產業正處於上升的景氣循環階段。

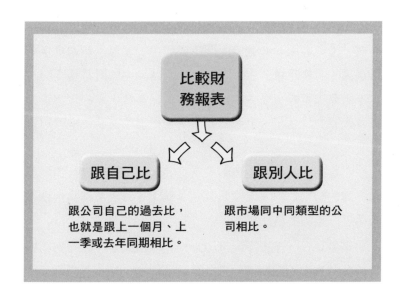

比較財務報表

跟自己比
跟公司自己的過去比，也就是跟上一個月、上一季或去年同期相比。

跟別人比
跟市場同中同類型的公司相比。

將財務報表上的某兩個數字（或某兩組——有時候分子或分母會包含兩個或兩個以上的會計科目數字）相除，就會得出一個比率，這個比率，通稱「財務比率」，透過審視比率數字的高低，我們就可以瞭解公司過去的經營狀況如何。

**Q** 除了閱讀公司提供的財務報表之外，那些比率分析有什麼決策上的意涵嗎？

**A** 公司的財會人員在編製好四大財務報表之後，會同時計算出重要的財務比率，供給讀者參考。

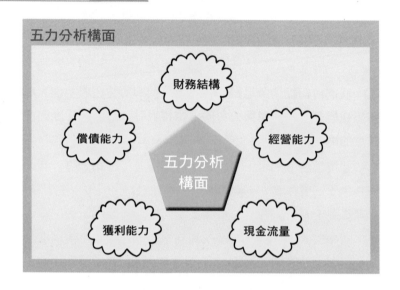

五力分析構面

讀者可能會想，財務報表上面有那麼多的數字，兩兩相除，就可以得出一個比率數字，那不就會有 N 個比率了嗎？按照這樣的說法，的確可以產生很多財務比率；但是，有些數字的相比，並沒有辦法產生任何意義，在現行財報分析領域裡，也只會觀察考量上百個比率而已。就算一般報章媒體所揭露的財經訊息，或者一般人在解讀公司的財務報表時，也不需要去審視那麼多的財務比率，充其量，只要瞭解證券主管機關對於上市、上櫃公司所要求揭露的財務比率就可以了。

右頁表 1 即列示出證券主管機關對於上市上櫃公司所要求揭露的財務比率，以及其公式；第 116 頁表 2 則為台積電公司近三年的財務比率。

這些比率，有稱為「五力分析」，因為它是按照剖析公司經營良窳的五個構面來計算財務比率。這五個構面分別

是：財務結構、償債能力、經營能力、獲利能力和現金流量，而每個構面分別包含數個重要的財務比率數字。透過分析這些比率數字，可以找出公司過去、現在及未來可以為股東及潛在投資人提供哪些攸關決策的訊息。

---

**表 1：五力分析：重要的財務比率及其公式**

**一、財務結構：**

1. 負債占資產比率＝負債總額 / 資產總額
2. 長期資金占固定資產比率＝（股東權益淨額＋長期負債）/ 固定資產淨額

**二、償債能力：**

1. 流動比率＝流動資產 / 流動負債
2. 速動比率＝（流動資產－存貨－預付費用）/ 流動負債
3. 利息保障倍數＝所得稅及利息費用前純益 / 本期利息支出

**三、經營能力：**

1. 應收款項週轉率＝銷貨淨額 / 各期平均應收款項餘額
2. 平均收現日數＝365 / 應收款項週轉率
3. 存貨週轉率＝銷貨成本 / 平均存貨額
4. 平均售貨日數＝365 / 存貨週轉率
5. 固定資產週轉率＝銷貨淨額 / 固定資產淨額
6. 總資產週轉率＝銷貨淨額 / 資產總額

**四、獲利能力：**

1. 資產報酬率＝〔稅後損益＋利息費用
   ×（1－稅率）〕/ 平均資產總額
2. 股東權益報酬率＝稅後損益 / 平均股東權益淨額
3. 純益率＝稅後損益 / 銷貨淨額
4. 每股盈餘＝（稅後淨利－特別股股利）/ 加權平均已發行股數

**五、現金流量：**

1. 現金流量比率＝營業活動淨現金流量 / 流動負債
2. 現金流量允當比率＝最近五年度營業活動淨現金流量 / 最近五年度（資本支出＋存貨增加額＋現金股利）
3. 現金再投資比率 ＝ （營業活動淨現金流量－現金股利）/（固定資產毛額＋長期投資＋其他資產＋營運資金）

---

表 2：台積電最近三年度財務資料分析

**本公司採月制會計年度（空白表歷年制）**

| 財務結構 | 106 年度 | 107 年度 | 108 年度 |
|---|---|---|---|
| 負債占資產比率（％） | 23.55 | 19.74 | 28.38 |
| 長期資金占不動產、廠房及設備比率（％） | 153.70 | 163.20 | 123.79 |
| **償債能力** | | | |
| 流動比率（％） | 238.97 | 279.46 | 139.25 |
| 速動比率（％） | 217.94 | 248.76 | 124.92 |
| 利息保障倍數（％） | 119.95 | 131.28 | 120.92 |
| **經營能力** | | | |
| 應收款項週轉率（次） | 7.74 | 8.19 | 7.95 |
| 平均收現日數 | 47.15 | 44.56 | 45.91 |
| 存貨週轉率（次） | 7.88 | 6.02 | 6.20 |
| 平均銷貨日數 | 46.31 | 60.63 | 58.87 |
| 不動產、廠房及設備週轉率（次） | 0.95 | 0.97 | 0.88 |
| 總資產週轉率（次） | 0.50 | 0.51 | 0.49 |
| **獲利能力** | | | |
| 資產報酬率（％） | 17.84 | 17.34 | 15.99 |
| 權益報酬率（％） | 23.57 | 21.95 | 20.94 |
| 稅前純益占實收資本比率（％） | 152.77 | 153.30 | 150.34 |
| 純益率（％） | 35.11 | 34.05 | 32.28 |
| 每股盈餘（元） | 13.23 | 13.54 | 13.32 |
| **現金流量** | | | |
| 現金流量比率（％） | 163.17 | 168.54 | 104.13 |
| 現金流量允當比率（％） | 112.41 | 113.11 | 106.60 |
| 現金再投資比率（％） | 11.08 | 9.06 | 8.45 |

資料來源：公開資訊觀測站

## 「財務結構」相關的比率——瞭解公司體質是否健全

**Ｑ** 在表 1「財務結構」中，有兩個比率：「負債占資產比率」及「長期資金占固定資產比率」。這兩項比率應該要怎麼看呢？

**Ａ** 「負債占資產比率」一般也稱為「負債比率」。這個比率相當重要，因為它透露出這家公司的資金來源，主要是來

自「借來的」（對外舉債）或是「自有的」（來自於股東）。因此，如果這個數字超過二分之一，表示這家公司有一半以上的資金來源都是借來的。

## 解讀「負債比率」應考慮產業及景氣變化

**Ｑ** 如果在報章雜誌上面，看到該公司公布出來的這個比率數字超過二分之一，代表的是多還是少呢？是好還是不好？

**Ａ** 通常我們在觀察研究這些比率數字時，要注意這些數字呈現出來的意義都是「中性的」；也就是說，這些數字本身的高低並沒有任何意義，它需要經過比較、判斷之後，才能變成決策上的依據。至於要如何比較，可以從兩方面著手：

一是跟「自己」比：跟過去公司的經營狀況比，有可能是跟公司上一個月（稱作 MoM，month on month）、上一季（稱作 QoQ，quarter on quarter），甚至於是跟去年的同期相比（稱作 YoY，year on year）；另一是要跟「別人」比：這個「別人」，指的是和公司經營業務相類似的同業，如果不是同業之間的比較就毫無意義了（比方說，拿金融業的業績跟電子業的比較就是沒有意義的，也比較不出結果）。依此要領，我們再來看看如何從媒體上面公布的訊息去解讀這些比率所代表的意義。

**Info 常見的財報比較術語**

MoM = month on month ＝與上個月同期相比
QoQ = quarter on quarter ＝與上一季同期相比
YoY = year on year ＝與去年同期相比

就「負債比率」大於二分之一的情況來說，有些教科書，或有些人會「直覺」地認為，公司的資金來源有一半以上是來自於借款，就代表財務結構相當不穩健，是「危險」的。這樣的說法，在大多數的情況應該是適用的，但

總還是會有些例外情形發生，而且這些例外情形還不算少呢！如果只是存有「公司的負債比率大於二分之一很不好」的刻板印象，對於某些有潛力、有爆發性的公司，可能就會失之交臂，而無法參與其令人瞠目結舌的成長階段。

 一般說來，「負債比率」大於 1/2 代表財務結構不穩健，但仍有例外情形，要特別注意，不要與好標的失之交臂喔！

### Ⓠ 所以「負債比率」不能僅以是否超過二分之一來定奪公司好壞？

Ⓐ 「負債比率」高低、好壞的判斷，除了根據前面所提的「跟自己比」及「跟別人比」的原則之外，我們還必須注意到「景氣」和「產業」這兩個變數。

我們知道，如果在景氣好的時候，舉債經營有較高的機會可以賺取較高的收益，也就是槓桿效果較好；但是在景氣趨緩，甚至於是走下坡時，經營就要相對保守，如果債務相對較高，就要留意經營所得的利潤，最低限度是否能夠支付借款利息，如果賺得的利潤連支付利息都不夠的話，那麼「負債比率」較高，就容易讓公司陷於被債權人追索的風險。

因此，同樣的「負債比率」數字，如果在景氣好的時候，數字相對較高，不但不被視為是財務結構不佳，反倒還是公司經營管理階層借風使帆的靈活操作，有可能為公司帶來相對較高獲利的決策；但如果是在景氣不好的時候，較高的利息，反倒會成為公司經營的負擔，此時公司的財務操作，就應該採取保守穩健的作法，以度過不景氣的階段。

除此之外，關於研判「負債比率」高低的另一項變數是「產業別」。有些產業的負債比率，因為行業特性的關係，通常會比一般公司來得高，譬如像是金融業、重工業等，金

融業負債比率較高的原因是，所有存款戶存放在金融業的錢對金融業者來說是一筆負債，因此，當客戶的存款愈多時，對金融機構的「負債」數字反倒是比較高的；而重工業的固定資產投資金額較多，也就較會被容許有較高的負債比率；反倒是輕工業的負債比率就不宜過高。

其他像是航空及海運船舶業，因為買飛機及船舶動輒需要大筆資金，而這些資金來源也多半來自於金融業的借款，因此也會有較高的負債比率。另外有些國際化程度較高的公司，當其海外子公司有資金需求時（例如擴充版圖、購買機器設備等），因為海外子公司在國外當地融資可能較不順遂，或不易籌集到足額的資金，這時候，多半需要仰賴母公司的資金供給，於是也會造成國內母公司的負債比率突然變高。這種負債比率突發性竄高的情形，一樣會發生在營建業大量推建案的時候，因為營建業若同時有幾件大案子推出，不僅取得用地需要大筆資金（即一般聽到的「土地融資」），在建築融資的需求方面，也會突然變高，這兩項加起來，自然會讓營建業在某一段時期的負債比率「不尋常」地變高了。

因此，當我們看到某一家公司，或某一個產業的「負債比率」相對較高時（不管是不是超出二分之一），都要檢視一下該公司或該產業是否有上述的這些特點，而不應只是貿然的以負債比率超過某一定的數額，就斷然認定該公司或該產業的風險太高，甚或是「爛公司」，這樣，就太過武斷、失之偏頗了。

## 解讀「長期資金占固定資產比率」應評估其資金是否「以短支長」

**Q** 那麼在解析「長期資金占固定資產比率」時，有沒有哪些地方是要特別注意的？

**A** 「長期資金占固定資產比率」在有些地方又稱為「固定

資產長期適合率」，從第115頁表1的公式來看，這是由「長期資金」和「固定資產」相比而得的一項比值。解讀這個指標，主要是想要瞭解該公司購買固定資產的資金來源，是來自於長期的資金（來自於股東的資金，或是來自於一年以上的長期借款）或是短期的資金。

**Q 購買固定資產的資金來源是不是來自於長期的資金很重要嗎？**

**A** 我們知道，企業購置「固定資產」（或是長期投資等資產）所需要的資金數額通常會較大，但是要回收這筆資金又相對需要較長的時間，因此，如果購置「固定資產」的資金來源是來自短期的週轉金貸款，那麼一旦遇到債權人停止短期的融資週轉（類似銀行的「抽銀根」），公司就會面臨一時之間難以找到彌補這些負債缺口資金的窘境。

而若是要處分這些固定資產（或是長期投資等資產），在倉促之間也難以完善處分（要不然可能得要賤價出售，認列高額的處分損失），這對企業來說是相當危險的。因此，這個比率數字，就在於讓我們瞭解這家公司是否是拿短期的資金去支應長期屬性的需求，而這就是俗稱的「以短支長」。

 閱讀財報時，如果發現公司的「長期資金占固定資產比率」有「以短支長」的情況時，就可能有潛在的資金週轉問題！

**Q 那麼「長期資金占固定資產比率」數值應該要多高才算理想呢？**

**A** 一般認為這個比率應該要大於1，財務狀況才算是健康的，這個主張應該普遍適用於各行各業。如果這個比率小於1，那可能要進一步地去瞭解，這家公司是否因為債信不好，所以債權人不願意長期貸款給它？還是在取得這些固定資產

或做長期投資的規劃時，無法取得股東的認同，所以股東不願意再投入資金？因為這些緣故，所以無法取得長期的資金（就是長期負債與股東權益），只好倚賴短期的借款，然後不斷的借新債還舊債，讓一連串的短期負債，來支應長期投資所需的資金。

這種「以短支長」的週轉方式，在景氣好的時候還可以勉強撐過一段日子，如果遇到像是 2008 年的金融海嘯，造成全球性的不景氣，那麼「長期資金占固定資產比率」小於 1 的公司，可能會最早被市場淘汰。因此，我們在觀察公司所公布的「長期資金占固定資產比率」時，主要的著眼點就在於該比率最好是要大於 1；特別是在景氣不好的時候，如果一個公司「長期資金占固定資產比率」小於 1，而且連續幾季的數字都無法拉升的話，最好暫時避開，要不然，不久之後可能會出現該公司跳票，或者是週轉不靈的情形，屆時想要抽身可能為時已晚了。

## 借得起錢，但也要還得起──解讀「償債能力」相關的比率，瞭解公司適不適合舉債經營

**Q** 前面有提到，企業可以嘗試透過舉債，來從事槓桿操作，提升公司的獲利能力。那要如何判別公司具有舉債經營的條件呢？

**A** 公司想要以舉債經營的方式，也要有其主客觀環境的配合，不然的話，恐怕會讓公司涉入更高的風險，甚至埋下倒閉的禍根。而所謂的主觀環境，指的是，公司的體質好不好？經營團隊的經營能力如何？客觀環境包括景氣循環、產業經營環境的好壞；因此，並不是所有的公司都適合舉債經營的。

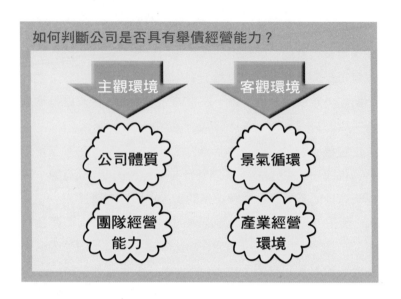

如何判斷公司是否具有舉債經營能力？

主觀環境 → 公司體質

客觀環境 → 景氣循環

團隊經營能力

產業經營環境

**Q** 那麼如果想要瞭解公司舉債經營能力的好壞的話，是看「負債比率」嗎？

**A** 在前面單元提到「負債比率」時，我們知道公司經營或多或少會有長短期的借款，除了槓桿操作、想提升獲利的因素之外，有些公司可能是因為短期的資金週轉需求而有債務產生。但既然公司有債務，就得再進一步地去注意觀察，該公司面對債務的處理能力，換句話說，最基本的要求在於注意公司是否有如期支付到期債務的能力，而這個能力，就是所謂的「償債能力」。

在財務報表上，法定要求「償債能力」要揭露的指標有三項：流動比率、速動比率與利息保障倍數。

 重點 「償債能力」揭露的三大指標：流動比率、速動比率、利息保障倍數

## 解讀「流動比率」與「速動比率」，應考慮一段時期比率的變化走勢

**Q** 那「償債能力」的這三種比率，又該如何解析呢？

**A** 根據公式裡的項目，所謂「流動負債」是指一年內即將到期的債務；而「流動資產」指的是，在一年內可以變現的資產；因此從第 115 頁表 1 中的公式可以看出來，「流動比率」是要衡量每 1 元的「流動負債」，公司已經準備好多少的「流動資產」可供清償。這是在衡量公司「短期」償債能力當中，最基本而且也是最重要的觀察指標，這個指標也有人稱為「銀行家比率」，由此名稱可知道，這個比率是銀行等債權人相當重視的一項比率，而這個比率自然是愈高對債權人愈有保障。至於怎樣算高呢？一般來說，以兩倍為理想的數值，這代表每 1 元的流動負債有 2 元的流動資產備供清償。如果這個數值太高，對於債權人當然是更有保障，可是這也透露出，這家公司有很多沒有效率的短期部位，應該檢討改善，將一些閒置的短期資產好好規劃運用，以提升資產的運用報酬率。

**Q** 「流動比率」太高，也可能會有問題嗎？

**A** 如果「流動比率」太高，我們要先觀察，是分子的流動資產數字較大，還是分母的流動負債數字較小？如果是流動資產過大，那還得要留心該公司的存貨是否過多？應收帳款的收帳能力是否欠佳？以至於分子的流動資產數額太高，如果是刻意要隱藏某些負債，讓分母的流動負債數字較小而提升「流動比率」，如此一來，出現較高的「流動比率」反倒不是件好事了。

因此，若想透過觀察「流動比率」去推估該公司償債能力，應該是要觀察幾期的趨勢變化，比較容易瞭解該公司處理債務的態度。比方說，如果該公司的「流動比率」持續上

升的話，就要先去瞭解該公司「資產負債」表中的「存貨」科目是否有不正常的增加？或者是公司的放帳政策較為寬鬆，而導致「應收帳款」大幅攀高？如果這兩個數值都表現平穩，但是比率會增加的原因，主要是來自於現金及短期投資的增加，那麼「流動比率」的向上趨勢變化，就值得稱許了。

**重點** 「流動比率」太高，如果是因為流動資產過大、流動負債過小，就要留心該公司的存貨是否過多或應收帳款的收帳能力是否欠佳。

**Q** 那「速動比率」指標又有什麼含意嗎？

**A** 為了更加嚴苛地去瞭解公司緊急的變現能力，有所謂的「速動比率」指標。「速動比率」又被稱為「酸性測試比率」，觀察「流動比率」與「速動比率」的公式，我們發覺其間的差別在於，「速動資產」又將「流動資產」中變現能力較差的「存貨」與「預付費用」等科目刪除，而只留下「現金」與「應收帳款」，其目的是在測試在更緊急的情況之下，公司的變現能力好壞。

**Q** 那「速動比率」數值是不是也要愈高愈好呢？

**A** 為一般來說，「速動比率」最好能夠大於 1，如果小於1 的話，代表公司應付償還即將到期的債務能力不佳；如果低於二分之一的話，那麼公司的財務將顯得相當吃緊，最好能夠開始有處分存貨或其他「非流動資產」的計畫。如果這樣的「開源」計畫無法奏效的話，那麼得另外找財源，透過現金增資，或是再舉新債，要不然，即將到期的債務恐怕無法清償，到時候，就會產生「違約」情況了。所以，這個數值，也是希望能夠愈高愈好，但是，當你看到公司所發布的數值超過二、三倍以上時，就跟前面的「流動比率」太高一樣，代表該公司對於資產的運用是較沒有效率的，自然也不

是一件值得欣喜的事了。

「速動比率」最好能夠大於 1，如果小於 1 的話，代表公司應付償還即將到期的債務能力不佳；但數據若異常的高時，表示公司的資產運用沒效率，也不是一件好事！

**Q 那麼「利息保障倍數」又該怎麼看？**

**A** 最後關於償債能力的指標，是「利息保障倍數」。顧名思義，這個數值主要在檢測，公司的稅前淨利是不是能夠支付即將到期的利息費用？而支付的能力又有多好？如果一家公司一個年度賺的收益，連利息費用都支付不過來的話，那麼這家公司對於支付債務的能力顯然是大有問題的！

所以「利息保障倍數」愈高，代表公司支付利息的能力愈強，債權人就愈有保障；相對的，也說明了這家公司愈有資格進行較高槓桿倍數的財務操作，因為它具備較好的賺錢能力。

而這項比率的觀察與應用也同樣的會有些限制，最主要的限制在於，這項比率較適合運用在景氣變化較為穩定的產業，因為如果產業波動變化劇烈，自然會影響該產業裡各公司的獲利情形，忽高忽低的盈餘變化，便不容易有好的判斷效果。因此，像是原物料族群，容易因為景氣波動而劇烈變化，運用「利息保障倍數」來判斷其短期償債能力的效果，就不是那麼理想了。

「利息保障倍數」愈高，代表公司支付利息的能力愈強，債權人就愈有保障，也表示較有賺錢能力。

# CEO 的成績單：
# 經營效率及獲利能力分析

企業的「經營能力」好壞，牽涉到「獲利能力」的高低；而企業裡擁有現金數額的高低，又關係到一家企業營運的穩健程度。因此，在財務比率分析中，也要特別針對這3個族群相關的比率進行分析。

單元
重點

· 企業的「經營能力」是以「週轉率」的概念來衡量
· 「應收款項週轉率」明顯下降，為經營的警訊
· 「存貨週轉率」愈高，資本的運用效率也愈高
· 由「固定資產週轉率」、「總資產週轉率」高低可看出公司的經營管理效率
· 獲利能力比值無絕對的高低，須與相同產業比一比
· 「現金流量比率」愈高，代表企業的財務彈性愈好
· 「現金流量允當比率」愈高，代表對應資本支出的能力及支付現金股利的能力愈強
· 「現金再投資比率」愈高，代表可再繼續投資的資金愈多

## 企業的「經營能力」是以「週轉率」的概念來衡量

**Q** 除了公司的財務結構及償債能力之外，公司的經營管理能力又要如何評估呢？

**A** 在財報分析上，評估一個企業的經營能力，主要是以「週轉率」的概念。什麼是「週轉率」呢？簡單說，就是如何讓公司盡量地「動」，讓存貨盡量地「動」，所以可以產生營業收入；讓應收帳款盡量地「動」，所以可以盡早讓現金流進來。所以，我們在觀察財報比率分析中的這幾個週轉率：「應收款項週轉率」、「存貨週轉率」、「固定資產週轉率」、「總資產週轉率」自然是不宜太低了。

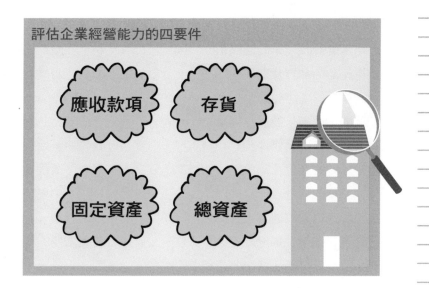

評估企業經營能力的四要件

應收款項

存貨

固定資產

總資產

## 「應收款項週轉率」明顯下降，是經營的警訊

**Q** 聽說有些 CEO 在經營公司時，為了衝高銷售額，會允許買家先賒帳，那麼這跟經營效率也有關係嗎？

**A** 一般企業的「應收款項」主要包括「應收帳款」與「應收票據」。參照公式上的定義可知：「應收款項週轉率」愈高，代表公司的收現天數愈短，這對公司的資金調度與運用，自然有正面的助益。試想：公司的應收款項，就好比是無息提供給客戶一筆資金供其運用，因此，愈早收回，除了避免營運資金積壓、損失利息、及再投資的機會成本升高之外；最重要的是，愈早收回應收款項，可以減少呆帳損失的機會。

**Q** 所以，解析「應收款項週轉率」還可以知道公司在銷貨時的授信政策？

**A** 「應收款項週轉率」較高，代表公司有較強的議價能力，例如當公司的產品品質較優良，或者是該產品供不應求，都不會給予下游的客戶較為寬鬆的付款方式，甚至於，如果公司是屬於獨占或寡占的廠商，有時還可以強勢地要求客戶得

觀念速解

應收帳款

指一家公司在正常的經營過程中因銷售商品或提供勞務後，應向銷售對象收取的款項。

觀念速解

應收票據

當一家公司有應收帳款科目後，銷售對象以還沒有到期、尚未兌現的票據支付，是一種債權憑證。

要「一手交錢，一手交貨」，即用現金交易。於是，如果該公司是屬於該產業的龍頭廠商，因為技術較為穩定且優良，使得產品的品質良率較佳，有時候受限於供給產能，還具有挑選客戶的主導能力，自然「應收款項週轉率」較高。因此，相對的，如果是屬於二線或三線公司，或是公司的產品品質每下愈況，因為條件相對較為不好，只好在收款條件上做些讓步，就會產生「應收款項週轉率」逐期下降現象，這代表這家公司的經營效能降低，未來是否會在財務狀況上出現問題，就值得追蹤觀察了！特別是如果該公司放帳的對象，竟然是關係企業，那麼就更應該去注意公司經營管理階層的意圖，往往這可能是掏空公司資產的前兆。

 從「應收款項週轉率」可以看出一家公司的經營效能，一般來說是呈現正向關係，即數值愈高，經營效能愈好。

**Q 「應收款項週轉率」除了跟公司的體質有關之外，還有哪些影響因素？**

A 「應收款項週轉率」的高低，也跟景氣榮枯有關。通常在景氣較好的時候，下游廠商的售貨狀況較為理想，為了早一點取得料源，以備進入生產階段，通常會較積極的清償貨款，這時候，「應收款項週轉率」就會較高了；相反地，如果景氣不好，下游廠商面臨貨品滯銷的情況較為嚴重，資金較不寬裕的情況之下，對於貨款的支付，自然是能拖就拖了。

**Q 因此，「應收款項週轉率」是愈高愈好？**

A 「應收款項週轉率」在一般情形說來，自然是愈高愈好，可是有時候，公司面對著較低的「應收款項週轉率」，竟然也使不上力，特別是跟大公司往來，會看到有些公司的「平均收現日數」竟然超過半年！也就是一年只能收現兩次！在

觀察該項指標時，得要另外拿出來討論。因為能跟大公司合作，代表的是該公司的品質穩定，受到大廠、大公司的認證肯定，有了這些大客戶的背書肯定，即使有較低的「應收款項週轉率」，或是較長的「平均收現日數」，也不能說該公司的經營狀況出了問題，只能觀察該公司對於資金調度的政策靈不靈活而已（該公司可以拿大廠開立的支票到銀行貼現取得現金，因此，也還不至於會到資金週轉不靈的地步）。

　　然而，如果為了硬要提升「應收款項週轉率」，而讓公司對於客戶的授信政策趨於嚴苛的話，有可能會因此得罪客戶，進而失去市場。因此，對於公司授信政策鬆緊的拿捏，也是需要仔細考量的。

## 「存貨週轉率」愈高，資本的運用效率也愈高

**Ⓠ** 有時候公司會有銷不出去的貨品，要如何看待這些存貨問題呢？

**Ⓐ** 公司經營將本求利，當然是希望貨品銷售數量愈多愈好；然而，並不是所有的商品都是熱銷熱賣的，因此，控制沒有銷售出去的貨品，也就是所謂的「存貨」數量多寡，也是公司經營管理的一門學問。特別是這些滯銷的存貨，可能是屬於無法保存很久或容易變質的（例如某些食品或藥品），或者是推陳出新速度很快的（像是一般的 3C 產品，功能日新月異，新產品一推出來，舊款式可能就沒有人想要買了），諸如此類，如果沒有即時銷售出去而放在倉庫裡，可能會愈放愈不值錢，甚至於就變成廢品，完全無法賣錢了！而這些滯銷品，自然會成為公司的負擔，進而侵蝕獲利，因此，衡量公司行號如何管理存貨？管理的效率如何？也是我們在挑選或觀察公司重要的一項指標。關於這項指標，法定公司必須要揭露的財務比率，就是「存貨週轉率」。

**重點** 從「存貨週轉率」可以看出一家公司是否做好存貨管理？管理是否有效率？一般說來，這個數值愈高愈好。

**Q 那要如何解析這個「存貨週轉率」呢？**

**A** 所謂的「存貨週轉率」，從公式我們可以知道，它是用來衡量公司每製造出一單位（或者說是一塊錢，也許會更清楚些）的存貨，到底能為公司創造出多少的銷貨量？於是據此比率的高低，我們就可以明瞭該公司銷售商品的能力高下與經營績效的好壞。

而衡量「存貨週轉率」高低所代表的意涵，就好比前一個單元的「應收款項週轉率」一樣，數值愈高，表示存貨量愈低，該公司管理存貨的能力也愈高；換算成平均售貨的天數，也就愈低，代表每銷售出一批貨品的時間愈短。

**Q 所以「存貨週轉率」的高低，也可以用來解析公司的經營管理能力？**

**A** 觀察公司的經營管理能力，「存貨週轉率」的確也是一項重要的指標。這項數值如果太低，表示公司的存貨數量相對較高，堆積存貨也就等於積壓營運資金；除此之外，還會衍生出前面一段所言，存貨品質變差，或是過時、沒人要買、需要報廢等浪費倉儲成本，造成損失等問題。因此，在某些行業的考量指標當中，這個比率數字高低，是相對重要的一項指標，例如前面提到過的 3C 消費電子族群，「存貨週轉率」就不宜太低；而數字高低狀況，一樣沒有絕對值可言，仍然需要秉持著跟自己比、跟同業比，還有幾期的趨勢狀況的原則，才能斷言好壞。

**Q** 那麼「存貨週轉率」跟「應收款項週轉率」哪個比較重要呢？

**A** 這跟行業特性也有關，沒有孰輕孰重的問題。除了 3C 消費性電子族群的存貨不宜太高之外，營建業是否會大賺大賠，「存貨週轉率」高低，也是一項重要指標。一般營建業裡的「存貨」項目包括預備銷售的土地或蓋好的房屋，或是還在興建中的房子，因此，該營建公司推案銷售的能力如果很好的話，在短時間就能把土地或房子銷售出去，「存貨週轉率」自然就很高。如果因為大環境的景氣不好，或者是企劃案失去準頭，建案都推不出去，造成「積壓存貨」的話，那後果一樣不堪設想。

當然土地跟房子可能不像 3C 消費性電子產品一樣，推陳出新、世代交替的速度很快，但是因此積壓高額的土地融資與建築融資利息，那就「代誌大條」了！這可是會嚴重侵蝕獲利的，因此，就營建業的觀察，「存貨週轉率」高低，可能要遠比「應收款項週轉率」重要些。

## 「固定資產週轉率」、「總資產週轉率」高低，可看出公司經營管理效率

**Q** 除了「存貨週轉率」跟「應收款項週轉率」之外，還有哪些是跟企業的經營能力有關的比率分析？

**A** 關於衡量企業經營管理能力的指標，還有「固定資產週轉率」、「總資產週轉率」兩項。

企業要產出成品，進而銷售出去，一般是先要有土地、蓋好廠房，再安裝機器設備、僱用員工之後，才能開始生產出產品。因此，由公式上的定義看來，「固定資產週轉率」是衡量企業體每一塊錢的固定資產，可以衍生出多少的銷貨數量。類似的概念，會有不同的名稱，像在製造業，有「產能利用率」或「稼動率」；在航運業，你可能聽過「貨物搭載率」等，都是用來衡量公司的經營管理效率。

這個比率是這樣解讀的，當「固定資產週轉率」的數字太低，表示該公司運用固定資產的效能頗差，或者是該公司固定資產的本身效率很差，可能是已經過時，因而欠缺生產力。因此，要活化「固定資產週轉率」，可能的方式有兩個：就是提高銷售數額，或者降低固定資產的數量，前者的提高銷售量，自然對公司有很多好處，但有時並不完全是公司單方面可以完全掌控的，因此，如何減少效益不高的固定資產，可能是公司在提高「固定資產週轉率」的數值，唯一較為可行且有效的解決方式了。

 重點 「固定資產週轉率」若太低，表示該公司運用固定資產的效能頗差，或是固定資產本身效率很差，欠缺生產力，可以就提高銷售數額或降低固定資產的數量的方式來改善。

## 是會下蛋的金雞母，還是一毛不拔的鐵公雞？
## 「獲利能力」相關的比率分析

**Q** 我們在挑選標的時，當然會看看這是不是一家會下蛋的金雞母，而不是一毛不拔的鐵公雞。那要如何解析公司的獲利能力呢？

**A** 通常我們在閱讀公司的財務報表時，會優先看看該公司的獲利狀況如何？又是賺多少錢？其中「稅後損益」就是公司在某一年度賺得的收益，再扣除應繳的所得稅後所剩下的利得，所以這個數字當然是愈高愈好。

如果將這個數值除以「銷貨淨額」，就是「純益率」，將這個數值與「平均股東權益淨額」相比，就是「股東權益報酬率」（ROE），而「資產報酬率」（ROA）則在衡量公司是否充分利用公司的總資產。

姑且不論公司的資產來源，是因為舉債而來，還是來自於股東的資金，公司經營管理階層利用其所擁有的資產去從

事生產活動，在經營一段時間之後所獲得的報酬，便會出現在「稅後淨利」上，因此「資產報酬率」便在衡量公司的營運能力，因而讓整體資產產生多少報酬的一項指標。

 「獲利能力」相關的比率分析公式：
1. 資產報酬率＝〔稅後損益＋利息費用 ×（1－稅率）〕／平均資產總額
2. 股東權益報酬率＝稅後損益／平均股東權益淨額
3. 純益率＝稅後損益／銷貨淨額
4. 每股盈餘＝（稅後淨利－特別股股利）／加權平均已發行股數

## 獲利能力比值無絕對的高低，須與相同產業比一比

**Q 公式中還有一項「純益率」，那有什麼重要性嗎？**

**A** 「純益率」指的是每銷售出去一塊錢的貨物，能為公司帶來多少的收益（稅後）；也就是稅後純益占本業營收淨額的比值。一般的產業研究員很重視這個指標，因為從「純益率」高低，可以看出這家公司在本業經營上的能力，這個比值愈高，表示公司愈會賺錢。舉個例子來說，如果某家公司上半年的純益率是 40％，代表每做成 100 元的生意，就可以淨賺 40 元，的確稱得上是很會賺錢的公司，股價就容易反應而上漲。

**Q 前面提到的 ROE 也跟挑選標的有關嗎？**

**A** ROE 指的是「股東權益報酬率」，是公司在一段時間總共從股東那裡取得多少資金，又因此而幫股東賺了多少收益。用白話來講，就是股東平均每出一塊錢，可以賺多少錢回來。ROE 號稱是股神華倫・巴菲特（Warren Buffett）最重視的指標之一，讀者可以多加琢磨。

而另一個常會被審視用到的指標，就是看「每股盈餘」

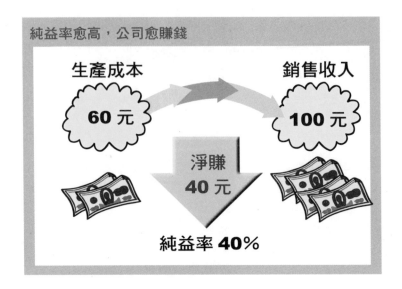

純益率愈高，公司愈賺錢

生產成本
60元

銷售收入
100元

淨賺
40元

純益率 40%

（EPS），這是指公司經過一段時間（可能是一季或一年）的經營之後，每一股可以賺到的金額，金額愈高代表這家公司的獲利能力愈好；反之則代表公司的獲利能力愈差。而「每股盈餘」如果愈高，就象徵這家公司愈會賺錢，將來分給股東的股利（算是股東的投資報酬）也就可能愈多。當投資報酬看升，自然會吸引更多潛在的投資人來投資這家公司的股票，股價因此就會上漲。

 「股東權益報酬率（ROE）」和「每股盈餘（EPS）」都是用來衡量一家公司獲利能量的指標，數字愈大表示股東的投資報酬率愈高，愈值得投資。

Ⓠ **上面提到的獲利比率要多高才是值得投資的呢？**

Ⓐ 由於各公司的產能、產品的價格策略都不盡相同，所以上述各項比率的高低值，並沒有一定的標準。不同產業應該有不同的比較標準，例如電子業跟金融業的「純益率」就會有所不同，而即使同是電子產業，手機類股與筆記型電腦業這兩種電子次產業的各項獲利能力指標也有高低之分。而綜

合判斷獲利能力的相關指標，我們可以看出：這家公司在所屬產業中是不是利潤高的產業，一般位居產業龍頭的公司，上述的各項比率通常會比同業要高，股價自然也會較高。

## 是真金還是 K 金？解讀「現金流量」相關比率

**Ｑ** 之前有提到現金數額的高低，對於一家公司的營運很重要。那麼有關由現金衍生而來的一些比率高低又分別代表什麼意思？

**Ａ** 在「現金流量表」上，「現金」是所有流動資產中流動性最高之科目，因此「現金流量比率」是用以分析一家公司以營業而產生的現金，是否足以用來償還流動負債之能力。而這個比率跟「流動比率」或「速動比率」最大不同之處在於，「現金流量比率」係以公司整年度的營業活動現金流量狀況來衡量，而非以某一時點之「靜態金額」（例如流動資產或速動資產）來衡量。

## 「現金流量允當比率」愈高，代表對應資本支出的能力及支付現金股利的能力愈強

**Ｑ** 「現金流量允當比率」又應該如何解讀呢？

**Ａ** 由公式看來，「現金流量允當比率」是用來分析公司透過「營業活動」所產生之現金，是否足以支應公司在投入「資本支出」、增加「存貨」與發放「現金股利」這三項。如果這個數值小於 1 的話，表示該公司最近五年度的「營業活動」所產生的淨現金流入，並不足以支付該公司最近五年度添購新的設備，或增加存貨數額，以及用來發放現金股利。而不足之數，就得仰賴其他投資或融資活動之現金來源了。

## 「現金流量」相關的比率分析公式

$$現金流量比率 = \frac{營業活動淨現金流量}{流動負債}$$

$$現金流量允當比率 = \frac{最近五年度營業活動淨現金流量}{最近五年度（\ 資本支出 + 存貨增加額 + 現金股利\ ）}$$

$$現金再投資比率 = \frac{營業活動淨現金流量 - 現金股利}{固定資產毛額 + 長期投資 + 其他資產 + 營運資金}$$

**重點** ▶ 「現金流量允當比率」最好要大於1，表示該公司近五年度的營業活動產生的淨現金流入，有足夠的償債、新增設備或發放股利的能力。

## 「現金再投資比率」愈高，代表可再繼續投資的資金愈多

**Ⓠ** 那麼「現金再投資比率」也是愈高愈好嗎？

**Ⓐ** 「現金再投資比率」係分析一家公司為因應重置固定資產及長期投資之需要，而將來自營業活動所賺得的資金，再投資於相關資產之比率。也就是說，透過營運活動所產生的現金流量，能否支應長期業務發展、長期投資需求，該比率愈高，表示企業可用於再投資在各項資產的現金愈多，企業再投資能力愈強；反之，則表示企業再投資能力愈弱，一般此比率以8%～10%為佳。

**Q** 那麼我們要如何統整這些比率數字，來作出投資決策分析呢？

**A** 透過上述各單項比率的分析與說明，我們可以瞭解，即便是充斥著密密麻麻數字的財務報表，透過幾個重點式的比率分析，我們可以從中找出象徵「獲利性」、「安全性」、「成長性」、「績效性」等指標的項目。再藉由將這些數字與同一公司的過往數據相比、跟同業的公司相比，我們可以看出該公司目前的獲利狀態，以及該公司在同一產業的績效如何。

　　掌握了這些資訊，不管財經媒體因為篇幅或其他因素，只能局部報導公司的財務狀況，但瞭解這些比值，甚或幾個比值之間所透露的訊息，要下投資判斷，就會篤定多了。

# 景氣是藍燈還是綠燈，會影響臺股走勢嗎？

景氣對策信號是用來解讀臺灣景氣好壞很簡單明瞭的一項指標。可是，當你只是看燈號是藍是綠時，你可能會忽略了景氣轉折點的投資契機！

　　景氣對策信號是預測景氣榮枯的一項指標，國發會會在每個月 27 日公布前一個月的景氣燈號，由於景氣燈號可以用來解讀當前的景氣狀況，所以這個指標普遍為大家所重視。景氣對策信號的表示方法為五種燈號（參見表 1）：「綠燈」表示目前景氣十分穩定；「黃紅燈」顯示景氣尚穩定，但有過熱或趨穩的可能；「紅燈」代表景氣過熱；「黃藍燈」表示景氣將有衰退或趨穩的可能；「藍燈」則表示景氣已衰退。觀察燈號就可以知道目前的景氣狀況如何。

　　而觀察的重點在於，當本期燈號異於前次燈號時，則代表景氣可能有反轉的現象，例如當燈號從綠燈變為黃藍燈時，表示景氣已開始下滑，如果政府想使燈號回復至綠燈，可能就要採取擴張政策；同理，當燈號由紅燈轉為黃紅燈時，則代表景氣已趨於穩定，不至於過熱，政府只要維持目前的經濟狀況即可。

**表 1：景氣對策信號的代表意義**

| 燈號 | 檢查點 | 代表意義 |
|---|---|---|
| 紅燈 ● | 分數 ≥ 38 | 景氣過熱 |
| 黃紅燈 ● | 32 ≦分數＜ 38 | 景氣活絡 |
| 綠燈 ● | 23 ≦分數＜ 32 | 景氣穩定 |
| 黃藍燈 ● | 17 ≦分數＜ 23 | 景氣欠佳 |
| 藍燈 ● | 分數＜ 17 | 景氣衰退 |

而觀察瞭解景氣燈號的重點在於，燈號在轉變時所代表的意義，景氣對策信號的建立係由九個項目所組合而成（參見表2），其與景氣變化有密切的關係。而景氣對策信號，向來是我國政府與企業部門最常作為未來政策執行的重要景氣依據指標，過去當國內景氣對策信號出現黃紅燈時，政府多會持續注意經濟發展是否會過熱，進而出現通貨膨脹等不利現象；反之，如果景氣對策信號持續在代表衰退的藍燈，政府相關部門為了提振經濟，也將採取擴張性的財政政策或貨幣政策，以提振景氣，諸如在貨幣政策上降低存款準備率、調降重貼現率；在財政政策上降低租稅、獎勵投資、擴大公共內需建設；在產業政策上則全力協助民間解決投資問題等。

　　而一般人通常只會在意當前的景氣燈號是綠色還是藍色，很少人去注意，這次燈號顏色是因為哪些狀況而產生的；也就是說，我們應該去觀察景氣對策信號各組成份子的變化情形，勝過只是單純知道景氣燈號的顏色而已。因為國內景氣的變化，主要來自於出口值的變動，因為出口產值占我國 GDP 的比重甚高，往往接近 70%。而我國的出口產值，又會因為國際景氣的榮枯而隨之波動，國際景氣是揚升或疲軟，又與幾個歐美工業國家的經濟成長率息息相關，這就是我國為何會深受歐美各國經濟變動的影響

**表 2：景氣對策信號所涵蓋的指標**

| 景氣對策信號 | 金融面指標 | 實質面指標 |
|---|---|---|
| **構成項目** | 1. 貨幣總計數 $M_{1b}$<br>2. 批發、零售及餐飲業營業額<br>3. 股價指數 | 1. 製造業銷售量指數<br>2. 海關出口值<br>3. 工業生產指數<br>4. 機械及電機設備進口值<br>5. 非農業部門就業人數<br>6. 製造業營業氣候測驗點 |

図 **1** 景氣對策信號燈號示意圖

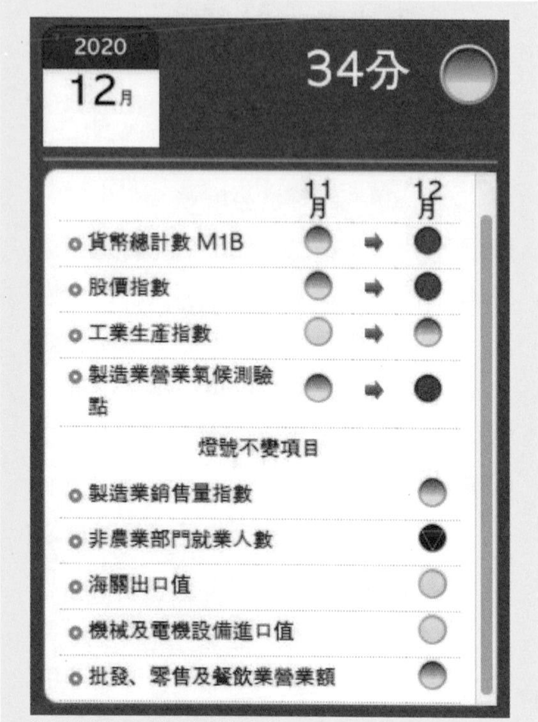

資料來源：國家發展委員會

原因了。

此外，進出口值又與我國對美元、歐元、日圓匯率的升貶有關，往往新臺幣在升值的那幾個月，即使出口量都在平均值以上，卻因為新臺幣較大幅度的升值，而出現以美元計價的出口值是正成長；而以新臺幣計價的出口值，卻是小幅衰退，甚至落到藍燈的區塊裡。

在疫情肆虐之下，臺灣的景氣對策信號逐步從綠燈轉趨景氣有過熱之虞的黃紅燈（圖1及圖2），主要是受惠於新興科技應用、車用電子與遠距商機的需求暢旺，加上傳產貨品的需求持續回溫，因此帶動貿易、生產、銷售及金融面指標等持續擴增，於是讓久違的黃紅燈出現了。

2021 年之後，疫情已因全球多國開始施打疫苗，預期

**圖2 景氣對策信號轉成黃藍燈**

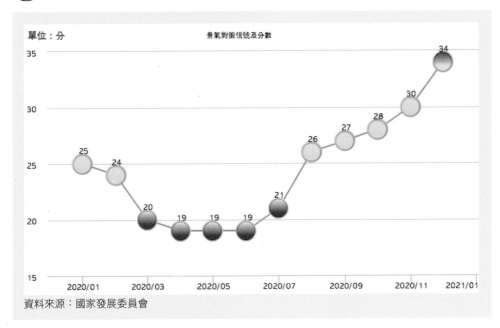

資料來源：國家發展委員會

有利於全球經濟逐步回穩。除了關注景氣對策信號的變化之外，仍要注意國內產業基本面的變化。預估 2021 年之後的經濟情勢，半導體產業仍扮演國內景氣領頭羊的角色；此外，5G、高效能運算、車用電子等應用產業，也被列為國內「護國神山」族群。然而世況多變，掌握並解讀即時的資訊，才能做出有利於自己的資產配置規劃。

💙 **重點小整理：**

1. 景氣對策信號是預測景氣榮枯的一項指標，國發會會在每個月 27 日公布前一個月的景氣燈號。
2. 景氣對策信號的表示方法為五種燈號：「綠燈」表示目前景氣十分穩定；「黃紅燈」顯示景氣尚穩定，但有過熱或趨穩的可能；「紅燈」代表景氣過熱；「黃藍燈」表示景氣將有衰退或趨穩的可能；「藍燈」則表示景氣已衰退。
3. 景氣對策信號的建立由九個項目所組合而成，其與景氣變化有密切的關係。
4. 觀察景氣對策信號各組成分子的變化情形，比只是單純知道景氣燈號的顏色還重要。

心動也要行動！

今天是　　　年　　月　　日

我想投資的項目是　　　　　　　　　　　，代號是

想買的原因是：

今天是　　　年　　月　　日

我想投資的項目是　　　　　　　　　　　，代號是

想買的原因是：

## 新聞幕後：
## 解讀財經資訊釋例

學會有關於總體經濟及財務報表分析的一些基本觀念後，再閱讀一般的財經報章資訊應該是綽綽有餘，只是在眾多的資訊中，讀者不免要問，該如何從字裡行間去篩選真正有用的數據？或者有哪些字句、段落，值得我們繼續去追蹤或推敲的？以下各單元，將會篩選出較具代表性的新聞，援引前面提過的一些原理原則，告訴讀者如何從眾多資訊中抽絲剝繭、去蕪存菁，找出可資作為決策參考的「依據」。

# 指標數值之增減，
# 不等於財富之增減

在實際閱讀報章雜誌的新聞標題時，各項綜合性指數的數值大小只是顯示出調查當下的狀態，而其數值之增減，代表受訪者對其現有財務和經濟狀況的「認知」或「感覺」變化，與實際支出的數額高低，並沒有絕對的關連性。

單元重點

・對於未來經濟有沒有信心？敢不敢消費？
　「消費者信心指數」（CCI）是指標
・物價上漲，就是通貨膨漲？小心！不要強作解人！
・油價走升，會有通膨的隱憂——需注意油價的走勢

### 美國密大長期通膨跌至 2.3%、創 1979 年統計以來最低

鉅亨網新聞中心 2016-06-13

美國密西根大學消費者信心指數 6 月初值年減 1.9%（月減 0.4%）至 94.3，創 4 月以來新低，高於經濟學家預期的 94.0。2009 年年中經濟衰退結束以來，密大消費者信心指數的最高點出現在 2015 年 1 月（98.1）。密大 6 月終值將於 6 月 24 日公布。

密大 6 月美國經濟現狀指數初值年增 2.6%（月增 1.6%）至 111.7，創 2005 年 7 月以來新高；消費者預期指數年減 5.2%（月減 2.0%）至 83.2，創 4 月以來新低。

密大 6 月初調查的 1 年期通膨預期持平於 2.4%（2010 年 9 月以來最低）；未來 5 年通膨預期自 5 月的 2.5% 下跌至 2.3%，創 1979 年開始統計以來最低紀錄。

接受密大訪問的美國消費者會不會低估了通膨的潛在威脅？紐約商業交易所（NYMEX）近月原油期貨 6 月 10 日以

49.07 美元坐收，今年以來累計漲幅達 33％，通膨應該是看升才對？

FRED 網站顯示，「未來五年之五年期預期通膨率（5-Year, 5-Year Forward Inflation Expectation Rate；簡稱：5y5y）」6 月 9 日報 1.59％，遠低於今年迄今最高點（4 月 28 日的 1.83％）；2 月 11 日報 1.42％，創 2009 年 3 月 10 日（1.3％）以來新低。值得注意的是，在此之前，只有在 2007-2009 年經濟衰退期間，這項指標才曾低於 1.70％。

## 對未來經濟有沒有信心？敢不敢消費？
## 「消費者信心指數」（CCI）是指標

「消費者信心指數」（CCI）是消費者對於國家當前經濟狀況滿意程度和對未來經濟走向預期的綜合性指數，它的數值大小，顯示出一般人目前的消費意願；而其數值之增減，表示一般人對其現有財務和經濟狀況的「認知」或「感覺」變化，與實際支出的數額高低，並沒有絕對的關連性。

目前「消費者信心指數」有兩項資料，一個是美國密西根大學公布的「消費者信心指數」，這項消費者信心的調查是來自於對全美大約 500 名美國人的電話採訪（阿拉斯加和夏威夷不在樣本裡），詢問 50 個問題，然後予以量化產生的數字；調查內容包括個人財務、企業狀況和購買狀況等。

另一個是美國經濟諮商會公布的「消費者信心指數」，這項調查是以美國 5000 個家庭為調查樣本，針對：❶目前居住地區的經濟情況好壞？❷未來半年國內經濟景氣如何變化？❸目前居住地區的工作情況如何？❹未來半年就業機會如何變化？❺未來半年家庭經濟狀況會如何變化等進行調查，然後再根據所回收的樣本作整理，進而推估出「消費者信心指數」。

| 美國兩大消費者信心指數 | | |
|---|---|---|
| 調查機構 | 密西根大學 | 經濟諮商會 |
| 調查對象 | 約 500 名美國人 | 全美 5000 個家庭 |
| 調查對象 | 電話訪問 | 問卷調查 |
| 調查對象 | 詢問 50 個問題，包括個人財務、企業狀況和購買狀況等 | 包括居住地經濟情況、半年國內經濟景氣變化、居住地工作情況、未來半年就業機會、未來半年家庭經濟狀況等 |

## 解讀指標，洞察希望

瞭解「消費者信心指數」是這樣來的之後，我們要知道，因為是關於未來信心（confidence）的預測，因此，有可能在訪問調查的當下，受訪者會受到某些事件的影響（譬如國家的債信被調降了；執政及在野兩黨對於某些公共政策歧見頗深，因而爭執不下等），所以要如何看待、解讀所公布的指標，並進而做出決策，就值得我們深思。

美國的消費者支出約占美國 GDP 的三分之二，所以，消費者支出對於美國經濟的確有著重要的影響，為此，市場分析師會追蹤該指數的變化，以從中找尋未來消費者支出變化的線索。當消費者信心指數穩步上揚，可解讀成一般消費者對於未來的預期收入較為看好，比較願意消費，從而可以推論有利於經濟情勢；同樣的道理，當消費者信心指數下降，也只可以推測，未來大家對於經濟情況較有疑慮，可能會在消費力道上較為保守，譬如原來想換車的，可能暫時不換了；原來想添購家具的，也暫時打消此意。可是這個指數能否預測消費者未來真實的支出狀況呢？目前並沒有實證指出，可以對實際消費者支出有精準的預測。但是如果觀察長期（例

如半年或一年以上），那麼，就比較能預估消費者支出的增減變化。

只能夠推測未來大家對於經濟情況較有疑慮，可能會在消費力道上較為保守。

消費者信心指數

消費者信心指數

消費者對未來預期收入較為看好、願意消費，可以推論有利於經濟情勢。

也就是說，CCI 雖然每個月公布一次（還有修正值），但市場分析師並不會只是因為消費者信心指數低落（回升），就馬上作出未來景氣看壞（看好）的結論，還要參考在本書所提及的失業率、匯率、進出口貿易數字等，來作綜合性的推測；政府財經部門也一樣，參考的是一個趨勢，而不只是一個數字而已。

## 弦外之音

前面的那篇報導告訴我們，雖然美國的「消費者信心指數」的確有微幅上升的趨勢，進一步的調查數據也顯示，美國 2016 年實質個人消費支出將成長約 2.5％。但是，這樣的成長率可以繼續支撐美股上漲嗎？甚至，是否代表美國又重新回到領頭羊的角色，可以帶領全世界重起多頭呢？

根據同一系列的報導，有一份數據可以說明前面的假設是否能夠成立。在 2010 年到 2015 年期間，美國的實質個

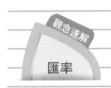

觀念速解

匯率

（Foreign Exchange Rates）
簡言之，就是一國貨幣兌換成另一國貨幣的比率，也稱作外匯行市或匯價。

**觀念速解**

**個人消費支出**

（Personal consumption expenditures，PCE）計算消費品和服務的價格變化增減，範圍包括家計單位的實際和估算的支出數額，項目則包括耐用品、非耐用品和服務。

人消費支出（PCE）平均年增率為 2.2%，這幾年的數值依序為 1.9%、2.3%、1.5%、1.7%、2.7%以 3.1%。因此，如果前述的美國 2016 年實質個人消費支出成長幅度僅約 2.5% 的話，相較之下，其實反倒是自從 2013 年（1.7%）以來最低的。經濟學家認為，一般人對於收入的減少比收入的增加更為敏感，因此，如果美國消費者信心指數只是微幅增長的話，或多或少仍然反映出美國人依然擔憂未來的就業情況，以及收入可能減少的情形，而這一事實，也將反映到金融市場，造成股市的修正。

因此，我們在練習解讀新聞的時候，建議不要只是參考單一資訊來源，就輕率地制訂投資決策，馬上就決定要進場或是出場，應該多搜尋參考幾項類似數據的解讀，對於各種情境的因果考量會比較完整些。畢竟同一項指標的揭露，各家媒體可能受限於版面大小，而使用不同的篇幅來敘述，其詳細程度自然就會有所差別。因此，在投入我們的血汗錢進場之前，多花點時間動動手指逛一下網路，找到更完整的資訊，一定會提高我們的勝算。

作出投資決策前，最好多方搜尋幾項類似的指標數據

## 物價上漲，就是通貨膨脹？小心！不要強作解人！

另外，關於前面那篇新聞中提及的「通貨膨脹」，我們可以
先說明其定義，再來討論這則新聞背後所代表的含意。在第
一天的篇幅已經提到，我們再來複習一下，所謂「通貨膨脹」
是指：一個經濟體的平均物價水準，在某一時期內，長期且
持續地以相當的幅度上漲，才能稱為通貨膨脹。

從這個定義，我們可以知道，要稱為通貨膨脹，還得符合一
些要件，所以：

❶ 僅是單一商品漲價，不能算是通貨膨脹。因為如果只是
某一種或某一類商品價格上漲，而其他商品的價格並沒
有發生變化，就不能算是通貨膨脹；因為單一物價的上
漲，只是對某一些人有影響，對整體的經濟影響不大。
然而，在某些特殊情況下，若是單一商品價格的上漲到
一定的幅度，例如石油價格上漲，隨後也會引起其他商
品價格普遍上揚時，就可能形成通貨膨脹。最典型的例
子是，在 1973 年及 1979 年兩次石油危機時，石油價格
的飆漲，就曾經引起世界性的通貨膨脹。原因為何？因
為石油是最重要的燃料，也是很多產品的重要生產原料
來源，因此，油價長期地上漲，自然會帶動物價普遍而
廣泛地上漲。

❷ 如果很多商品的價格都在同一時期陸續上漲了，但卻是
一次調漲後，就停下來，不再繼續漲了，這也不能算是
通貨膨脹。因為經濟學家認為，這種「一次漲足即停」
的現象，對經濟活動的衝擊不大，因為非持續性的物價
上漲，較容易因應。

❸ 接下來要注意的是，如果物價的漲幅不大，也不能算是
通貨膨脹。在現代經濟社會，有所謂「物價的僵固性」，
其指的是，在多數的情況下，物價有只升不降的特性。
因此，如果幅度不大，影響經濟的層面也不會太大，自

**觀念速解**

**物價的
僵固性**

通常在一個經濟社會
裡，物價水準具有上揚
的特性，在多數的情況
下，物價只升不降，這
種情形稱為「物價的僵
固性」。

然也不能叫做通貨膨脹。但是，如果許多商品的價格，在某一段時間內，以一相當的幅度，一波波、持續性地上漲（符合通貨膨脹的定義），則會對整個經濟活動造成困擾，那就是所謂的通貨膨脹。至於「相當幅度」指的是多少呢？ 10％還是 5％呢？並沒有一定的標準。對於漲幅多少、或持續多長的時間，才算是通貨膨脹，各國自有一套標準；也就是各國央行，通常會因時因地制宜，對於通貨膨脹率設定一個動態區間，當物價波動的幅度逼近或超出此區間的上限時，央行才會出手調控。

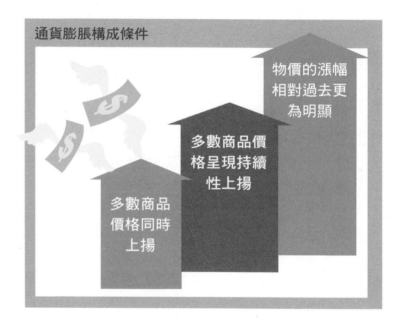

通貨膨脹構成條件

多數商品價格同時上揚

多數商品價格呈現持續性上揚

物價的漲幅相對過去更為明顯

# 油價走升，會有通膨的隱憂——須注意油價走勢

接著，我們再來討論，為什麼石油價格不斷地飆漲，會引起通貨膨脹呢？

首先，如果油價不斷地飆漲，必定衝擊各種與石油需求有很大關連性的產業，像是紡織、塑膠、運輸、鋼鐵、石化等，因為這些產業的原物料，幾乎都直接跟原油有關，而當原油的價格上漲，連帶推升運輸成本和石化產品的價格。而在成本連番上漲的情況下，廠商只得將上漲的幅度，盡可能地轉嫁給消費者，這會使得一連串的物價上揚（因為上述產業所衍生的民生必需品既廣且眾），而後就會造成通貨膨脹。因此，石油價格上漲，對於各種跟石油關係密切的產業，必定會深受影響，在形成通膨之後，就會對於各國的經濟造成壓力。

既然油價走升會有通膨的隱憂，那麼，我們就得注意，會有哪些因素讓油價飆漲？

❶ 原油的庫存量逐漸稀少。根據研究指出，原油存量已經愈來愈少，加上目前全世界消耗原油的速度及數量，有愈來愈快、愈來愈多的趨勢。在原油耗竭的擔憂下，油價自是易漲難跌。

❷ 天災及人禍頻仍。2005 年導致油價一度飆上每桶 70 美元歷史天價（在那個時候算是天價了！）的，是重創墨西哥灣九成原油產能的卡翠娜颶風。當初因為害怕原油的供給中斷，所以推升油價大幅度地走高。但相較於天災，人禍導致的原油短缺情勢更為可怕，世界主要產油國：沙烏地阿拉伯、俄羅斯、埃及、委內瑞拉、奈及利亞、利比亞等國的政局，近年來時有紛擾，在政局不穩定的情況下，戰爭、恐怖攻擊等威脅時有所聞，而油田或主要運輸渠道，就成為祭品——成為主要的攻擊目標，這對近年來油價的推升，無異是火上加油。

❸ 替代能源研發進度及成果不如預期。在面臨油源耗竭的擔憂，以及石油價格居高不下的情況，替代能源的研發，成為現階段值得努力的目標，舉凡太陽能、風力、水力、生質能源等皆是。然而這些研究，不是進度緩慢，就是成果尚不能商業化（因為不符合成本效益），這也造成近年來石油價格居高不下的原因。

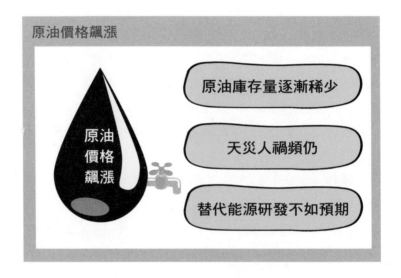

因此，當我們看到油價上漲或趨於平穩時，除了聯想到可能會有的通貨膨脹之外，還須連帶想到，企業的成本將因油價上漲而提高、獲利會遭侵蝕、股價普遍容易下跌。但是，節能概念股可能會異軍突起，只不過通常容易淪為題材的炒作，漲勢不容易持續太久。

心動也要
行動！

今天是 　　年　　月　　日

我想投資的項目是 　　　　　　　　，代號是

想買的原因是：

今天是 　　年　　月　　日

我想投資的項目是 　　　　　　　　，代號是

想買的原因是：

# 先見之明的指標，可以讓你及早因應、趨吉避凶

某些指標號稱是產業的領先指標；解讀該指標，將有助於我們提早知道市場未來的走勢。本篇要介紹的兩大類指標——半導體設備訂單出貨比（Book-to-Bill Ratio；B/B 值）以及信用評等，就是具有這樣的特性。

單元重點

· 什麼是半導體設備訂單出貨比
　（Book-to-Bill Ratio；B/B 值）？
· 目前公布的 B/B 值，連結前面已經公布的數值所形成的趨勢如何？
· 這樣的趨勢，將如何影響金融市場（股票市場）？
· 信用評等的意義
· 如何解讀信用評等？
· 降評的衝擊

### 5 月北美半導體設備出貨為 23.5 億美元

節錄自《經濟日報》2020-06-19 11:35 曹松清

SEMI（國際半導體產業協會）公布最新 Billing Report（出貨報告），2020 年 5 月北美半導體設備製造商出貨金額為 23.5 億美元，較 2020 年 4 月最終數據的 22.8 億美元相比上升 2.9%，相較於去年同期 20.7 億美元則上升了 13.1%。

SEMI 全球行銷長暨台灣區總裁曹世綸表示，「儘管 COVID-19 疫情肆虐以及短時間內市場總體經濟狀況仍不明朗，五月份北美設備製造商銷售額的表現持續反映出半導體產業的長期應變韌性。」

### 需求高峰過了？日本晶片設備訂單萎縮、B/B 值創 6 個月新低

節錄自 MoneyDJ 新聞 2016-06-20 記者 蔡承啟 報導

根據日本半導體製造裝置協會（SEAJ）17 日公布的初步統
計顯示，2016 年 5 月分日本製半導體（晶片）製造設備接
單出貨比（book-to-bill ratio；B/B 值）較前月下滑 0.12 點至
1.04，已連續第六個月突破 1，不過為三個月來第二度下滑、
且創六個月來（2015 年 11 月以來、當月為 0.91）新低水準；
BB 值高於 1，顯示晶片設備需求優於供給。

　　以上的訊息有三個重點：首先是需要瞭解半導體設備訂
單出貨比（Book-to-Bill Ratio；B/B 值）的意義何在？接下
來是目前所公布的值，連結前面已經公布的數值所形成的趨
勢如何？最後再來看看，這樣的趨勢，將如何影響金融市場
（股票市場）？

## 什麼是半導體設備訂單出貨比？

我們先來簡單介紹，什麼是半導體設備訂單出貨比（Book-to-Bill Ratio；B/B 值）。這個比值，是由「國際半導體設備材料產業協會」（SEMI）每月所公布的數據。該數據的編列，係依據北美各半導體設備製造商，在過去三個月所接的「平均訂單金額」，除以過去三個月的「平均設備出貨金額」而得。之所以採取三個月的移動平均值，主要也是因為半導體的相關設備單價頗高，會有每個月金額波動劇烈的情形，所以採取移動平均數字，較能呈現市場的趨勢走向，而不至於有太大的落差。

而市場一般是以 B/B 值是否大於 1，作為判斷半導體設備產業景氣良窳的先行指標。例如有篇報導說，5 月分北美半導體設備製造商訂單出貨比（B/B 值）為 1.09，這個數值代表，半導體設備製造業者在過去三個月以來，一共接獲了 109 美元的訂單，而平均出貨量則為 100 美元。由此數值我們可以推測，半導體設備業者接單狀況有轉強的跡象，也反映半導體製造商可能會提高其資本設備的支出。

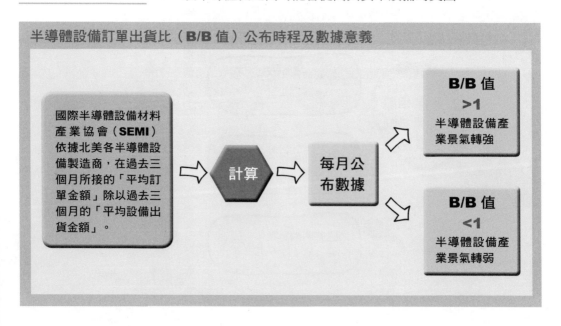

半導體設備訂單出貨比（**B/B 值**）公布時程及數據意義

## 目前公布的數值，連結前面已經公布的數值所形成的趨勢如何？

其次，我們從另一篇新聞看到該數值已經連續第六個月高於 1，但卻是三個月以來的第二度下滑，這透露出半導體景氣也許有轉趨保守的傾向。由於該數值通常領先半導體製造業景氣約莫六個月，因此，雖然連續第六個月都高於 1，但在近期出現下滑的跡象之下，對於半導體相關產業未來的發展，可能要再次停看聽。

B/B 值通常領先半導體製造業景氣達約六個月。

接下來，我們需要關注晶圓代工龍頭，也是半導體的大咖台積電的資本支出增減情形。如果台積電的資本支出仍然維持擴張的話，不但代表台積電依舊看好景氣的春燕翩翩停駐，甚至台積電所投注的鉅額資本支出，也將帶動相關設備材料產業業績的同步上揚。

## 這樣的趨勢，將如何影響金融市場（股票市場）？

但是，我們也要瞭解一下，萬一 B/B 值的趨勢轉而向下，將會如何影響臺灣的金融市場？由於半導體族群占整個臺股的權值甚大，向來是臺股的撐盤要角，尤其是台積電，所占權重及市值更是台股第一大，如果代表半導體景氣走勢重要指標的 B/B 值是往下走勢的話，那麼，的確會對市場信心帶來壓力。因此，如果 B/B 值的趨勢轉而向下，後續應持續保持關切的重點將會是，B/B 值何時翻揚向上？臺股半導體公司何時又會開始提高其對於設備採購的資本支出？整體設備買氣何時開始轉強？傳統電子業第三季的旺季效應是遞延，還是今年確定不會出現了？這些都會影響業者投資、擴產的意

願，也進一步會影響 B/B 值。

另外，既然 SEMI 公布的 B/B 值，是訂單／出貨比，因為牽涉到訂單與出貨金額這兩個變數，因此，讀者還得觀察每個月這兩個指標個別的變化，才能真正掌握半導體產業的復甦狀況。

**重點**

B/B 值趨勢向下時，應觀察：
1. B/B 值何時會翻揚向上？
2. 半導體公司何時提高對設備採購的資本支出？
3. 整體設備買氣何時開始轉強？
4. 傳統電子業旺季效應是否遞延？

查詢半導體的訂單出貨比，可以上鉅亨網的網站查詢，路徑及網址如下：

http://www.cnyes.com/futures/material7.aspx

| 航運指數 | 鋼鐵指數 | 中國鋼鐵價格 | DRAM價 | Flash價 | 半導體出貨比 |
|---|---|---|---|---|---|

□ SEMI&SEAJ半導體訂單/出貨比(Semi Book-To-Bill Ratio)

| | SEMI | | | SEAJ | | |
|---|---|---|---|---|---|---|
| 日期 | 出貨(3個月平均) | 訂單(3個月平均) | B/B值 | 出貨(3個月平均) | 訂單(3個月平均) | B/B值 |
| 2020/11 | (1217公布) | --.--- | -.-- | | -----.-- | -.-- |
| 2020/10 | (1119公布) | --.--- | -.-- | | -----.-- | -.-- |
| 2020/09 | (1022公布) | --.--- | -.-- | | -----.-- | -.-- |
| 2020/08 | (前值) 26.533 | --.--- | -.-- | 1884.07 | -----.-- | -.-- |
| 2020/07 | (終值) 25.753 | --.--- | -.-- | 1879.66 | -----.-- | -.-- |
| 2020/06 | 23.177 | --.--- | -.-- | 1804.03 | -----.-- | -.-- |
| 2020/05 | 23.433 | --.--- | -.-- | 2054.59 | -----.-- | -.-- |
| 2020/04 | 22.813 | --.--- | -.-- | 2081.26 | -----.-- | -.-- |
| 2020/03 | 22.131 | --.--- | -.-- | 1972.68 | -----.-- | -.-- |
| 2020/02 | 23.746 | --.--- | -.-- | 1724.20 | -----.-- | -.-- |
| 2020/01 | 23.402 | --.--- | -.-- | 1701.29 | -----.-- | -.-- |
| 2019/12 | 24.917 | --.--- | -.-- | 1779.67 | -----.-- | -.-- |
| 2019/11 | 21.210 | --.--- | -.-- | 1849.32 | -----.-- | -.-- |
| 2019/10 | 20.808 | --.--- | -.-- | 1806.90 | -----.-- | -.-- |
| 2019/09 | 19.591 | --.--- | -.-- | 1781.36 | -----.-- | -.-- |
| 2019/08 | 20.018 | --.--- | -.-- | 1606.62 | -----.-- | -.-- |

資料來源：鉅亨網

## 英國經濟地位再受打擊 主權信用評級遭遇連降

《鉅亨網新聞中心》和訊獨家 2016/06/28 08:20

和訊外匯消息：脫歐公投後，英國經濟地位再度遭遇打擊。標普將英國「AAA」的最高信用評級下調兩個級距至「AA」，並警告稱未來可能會繼續下調。惠譽則把英國信用評級調降一個級距，也表示可能將進一步調降評級。

標普在英國脫歐公投前就已經對調降英國評級展望發出降級警告。這也是標普首次把一國主權信用評級從「AAA」連降兩個級距。

自上周四公投以來，英鎊兌美元周一觸及 31 年低點，股市連續第二日下挫。

標普在聲明中稱，這樣的公投結果是影響非常深遠的事件，它會降低英國政策框架的可預測性、穩定性和有效性。標普警告稱，蘇格蘭有可能舉行新獨立公投的前景也威脅到英國的憲制和經濟的完整性。

標普警告稱，英國退歐可能導致金融企業，特別是海外金融企業在做投資決定時青睞其他目的地。

標普表示，除了英國退歐，降級還體現出外部融資環境顯著惡化的風險，因為英國外部融資的總體需求水平在 131 個標普給予主權評級國家之中最高。標普估算，今年英國的淨總體政府債務占 GDP 的 84%。

英國財政大臣奧斯本周一稱，英國經濟足夠強勁，能夠應對周四公投帶來的沖擊。但這次公投令英國陷入政治危機，首相卡梅倫表示將留任直至今年 10 月，執政黨保守黨開始著眼尋找新的領導人，公投也推遲了英國與歐盟的談判，給英國經濟前景帶來很大的不確定性。

惠譽將英國 2017 年和 2018 年經濟增長率預估腰斬逾一半至 0.9%，之前預估為 2.0%。

另一家主要評級公司 -- 穆迪在 2013 年時已摘掉英國的 AAA 評級。穆迪周五表示可能可能進一步降評。有消息稱，受英退結果的余波影響，穆迪周二將把英國主要銀行的債信評級展望降至「負面」。

英國財政大臣奧斯本 2010 年上任時，曾將保護英國的債信評級視為一項優先要務

資料來源：《經濟日報》

### 脫歐公投

英國在 1975 年加入歐盟前身「共同市場」後不久即舉行過公投決定去留，當時投票決定留下來，但有愈來愈多來自一般大眾和政治人物的呼聲，認為歐盟過去 40 年改變很多，有更多國家加入，且對會員國日常生活的控制延伸至更多層面，於是要求再次舉行公投，因此於 2016 年 6 月 23 日舉行歷史性英國去留歐洲聯盟公投，結果脫歐派與留歐派以 52：48 的得票比，「英國脫歐」拍板定案，對各國金融市場也造成不小的漣漪效應。其後，英國於 2020 年 1 月 31 日晚上 11 點正式退出歐盟，過渡期至 2020 年 12 月 31 日結束。

### 信用評等

由具公信力的評估機構針對受評對象的金融狀況和相關歷史數據進行調查、分析，從而對受評對象的金融信用狀況給出一個總體的評價，目的是顯示受評對象信貸違約風險的大小。常見的信評機構有：標準普爾（Standard & Poor's）、穆迪（Moody's）、惠譽國際（Fitch Rating）等。

　　2016 年，全球最大的一隻黑天鵝，就是英國的脫歐公投，竟然跌破眾人的眼鏡，以不到 4% 的差距通過！英國人民的這一選擇，讓全球政治及金融市場動盪不安的程度，直逼 2008 年的金融海嘯！而就算英國要與歐盟「分手」，也不是說切就切、三天兩頭就可以解決的；當時預期，雙方沒有談判個兩三年，難以結束雙方之間的關係。而金融市場最害怕的，就是這種藕斷絲連、不可預測的風險；因此，信評機構為反映英國脫離歐盟之後，不但英鎊會重貶、倫敦的全球金融重鎮地位不保，甚至還可能引發威爾斯及北愛爾蘭舉辦公投脫離大英國協，而讓整個大英國協徹底分崩離析，於是，狠狠地將英國「AAA」主權信評一次連降兩級！

## 信用評等的意義

在金融市場裡，法人在投資之前，通常得要瞭解被投資標的之信用評等等級，以決定要用多少價格買進；而這信用評等，就好比電影中的影評、唱片中的樂評一樣，經過金融專家透過種種模型及條件的「信評」，可以知道該標的公司或經濟體的償債能力。或者說，「信評」可以明確點出某家公司（經濟體），或其公司債或是某檔債券基金的「信用風險」高低；而所謂的「信用風險」，簡單說就是「違約」、「倒債」、無法償還債務的機率高低。所以，信評報告所告訴我們的，

只是「風險程度」，而非分析個別公司或經濟體的「投資獲利機會」。

如此說來，「信評」與「影評」倒是有某些共通性。我們往往會聽到或看到某個影評大力推薦某部具有高度藝術價值，且可能在影展當中得到大獎的電影，但這種片子有時卻沒什麼「娛樂性」，反倒會讓人看了昏昏欲睡；而獲得較高信用評等者，也只能確定是個財務無虞、前景穩定的投資標的，並不代表它在短期內就可以讓投資人有可觀的獲利空間，投資人在買進該標的之後，短期間可能沒有什麼刺激感或「娛樂性」。那麼，「信評」的價值何在？

由於資產管理業者的投資組合，首重流動性與安全性，因此，「信評」被用來作為法人認購公司債或銀行評估借款風險的依據。然而，除了債券型基金的投資標的，依規定必須要有一定的信評等級之外，對於股票型基金經理人來說，投資標的的信用評等也是不可或缺的參考依據。準此，對於一般投資人而言，如果學會信用評等的意義，在投資之前，藉由檢閱標的公司的評等結果，可迅速且客觀地決定該公司的風險指標是否符合個人的 <mark>理財屬性</mark>。

**觀念速解**

**理財屬性**

依據投資人的個性，以及對風險的接受程度，大致上可分為積極型、穩健型及保守型等三種類型。一般說來，在進行投資理財前，銀行理專或投資顧問會分析客戶的投資理財屬性，進而建議適合的理財商品。

## 如何解讀信用評等？

解讀信用評等的重點，可分為「評等」和「展望」兩個層面來討論。

在「評等」部分，不同的信評公司有不同的等級代號。而一家企業的信用評等，又可分為「長期」及「短期」，在信用評等公司（如中華信評）的定義中，長期是指一年以上，評估企業一年以上的信用風險程度；短期評等則適用於一年以內的期間。長期評等共分為 11 級，評等最佳者為 AAA 等級，代表該債務人相較於其他債務人，有極強的履行財務承諾能力。其他等級及說明，詳如下列附表。

**觀念速解**

**信用風險**

銀行貸款或投資債券時可能發生的一種風險，也可說是借款者違約的風險。

## 標準普爾、穆迪、惠譽國際的信用等級符號

| 標準普爾 | | 穆迪 | | 惠譽國際 | |
|---|---|---|---|---|---|
| 長期債 | 短期債 | 長期債 | 短期債 | 長期債 | 短期債 |
| AAA | A-1+ | Aaa | P-1 | AAA | F1+ |
| AA+ | A-1+ | Aa1 | P-1 | AA+ | F1+ |
| AA | A-1+ | Aa2 | P-1 | AA | F1+ |
| AA- | A-1+ | Aa3 | P-1 | AA- | F1+ |
| A+ | A-1 | A1 | P-1 | A+ | F1+ |
| A | A-1 | A2 | P-1 | A | F1 |
| A- | A-2 | A3 | P-2 | A- | F1 |
| BBB+ | A-2 | Baa1 | P-2 | BBB+ | F2 |
| BBB | A-2/A-3 | Baa2 | P-2/P-3 | BBB | F2 |
| BBB- | A-3 | Baa3 | P-3 | BBB- | F2/F3 |
| BB+ | B | Ba1 | | BB+ | F3 |
| BB | B | Ba2 | | BB | B |
| BB- | B | Ba3 | | BB- | B |
| B+ | B | B1 | | B+ | B |
| B | B | B2 | | B | C |
| B- | B | B3 | | B- | C |
| CCC+ | C | Caa1 | | CCC+ | C |
| CCC | C | Caa2 | | CCC | C |
| CCC- | C | Caa3 | | CCC- | C |
| CC | C | Ca | | CC | C |
| C | C | C | | C | C |

資料來源：各信用評等公司

　　而信評公司在給予評等之後，還會持續地對這些標的公司追蹤其財務狀況，陸續發表「評等展望」報告。所謂「評等展望」，包含「正向」、「負向」、「穩定」與「持續觀察」等四種，這些意義，主要在於點明未來該公司信用評等的可能調整方向。通常在個別企業基本面，或所屬產業結構出現某些消息或變化時，分析師就會主動著手研究，評估事件變化對個股未來評等的影響狀況。

　　舉例來說，如果看到一家電子公司的評等展望，由原本的「穩定」調升為「正向」，我們就要去關注其報告中，對於該電子公司所屬的次產業生態如何？該公司是否面臨價格

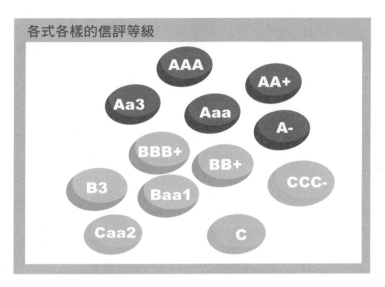

各式各樣的信評等級

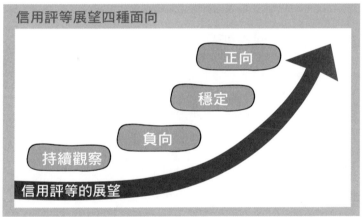

信用評等展望四種面向

競爭？又該如何因應產品週期短暫及技術演進快速等因素？
調升的因素是什麼？是產能規模較大？還是創新能力？有持
續不斷推出較同業高階產品的能力嗎？有無充分的數據加以
佐證？

## 降評的衝擊

　　瞭解這些基本知識之後，我們再回頭看一下該篇報導說
明：國際信評機構標準普爾公司（S&P）之所以調降英國的

| 標準普爾、穆迪、惠譽國際的信用等級符號 | | |
|---|---|---|
| 等級 | 含義 | 說明 |
| AAA | 信譽極好，幾乎無風險 | 表示企業信用程度高、資金實力雄厚，資產質量優良，各項指標先進，經濟效益明顯，清償支付能力強，企業陷入財務困境的可能性極小。 |
| AA | 信譽優良，基本無風險 | 表示企業信用程度較高，資金實力較強，資產質量較好，各項指標先進，經營管理狀況良好，經濟效益穩定，有較強的清償與支付能力。 |
| A | 信譽較好，具備支付能力，風險較小 | 表示企業信用程度良好，資金實力、資產質量一般，有一定實力，各項經濟指標處於中上等水平，經濟效益不夠穩定，清償與支付能力尚可，受外部經濟條件影響，償債能力產生波動，但無大風險。 |
| BBB | 信譽一般，基本具備支付能力，稍有風險 | 企業信用程度一般，資產和財務狀況一般，各項經濟指標處於中等水平，可能受到不確定因素影響，有一定風險。 |
| BB | 信譽欠佳，支付能力不穩定，有一定的風險 | 企業信用程度較差，資產和財務狀況差，各項經濟指標處於較低水平，清償與支付能力不佳，容易受到不確定因素影響，有風險。該類企業具有較多不良信用紀錄，未來發展前景不明朗，含有投機性因素。 |
| B | 信譽較差，近期內支付能力不穩定，有很大風險 | 企業的信用程度差，償債能力較弱，管理水平和財務水平偏低。雖然目前尚能償債，但無更多財務保障。其一旦處於較為惡劣的經濟環境下，則可能發生違約。 |
| CCC | 信譽很差，償債能力不可靠，可能違約 | 企業信用很差，盈利能力和償債能力很弱，對投資者而言，投資安全保障較小，存在重大風險和不穩定性，償債能力低下。 |
| CC | 信譽太差，償還能力差 | 企業信用極差，已處於虧損狀態，對投資者而言，具有高度的投機性，償債能力極低。 |
| C | 信譽極差，完全喪失支付能力 | 企業無信用，基本無力償還債務本息，虧損嚴重，接近破產，幾乎完全喪失償債能力。 |
| D | 違約 | 企業破產，債務違約。 |

資料來源：各信用評等公司、維基百科

主權債信評等，而且一口氣從最高的「AAA」連降兩級至「AA」，信評展望也降為「負向」，主要是反映英國脫歐之後，失去了歐盟這個單一市場的奧援及優惠措施之後，將可能衝擊英國經濟，並影響英鎊作為準備貨幣的角色。

　　由於具有歐盟會員國的身分，向來協助英國可以吸引更多低資金成本和技術勞工，不僅讓倫敦坐穩全球金融中心的地位，也使得英鎊躋身各國外匯存底中的準備貨幣。然而，在英國公投決定脫歐之後，世人自此將對於英國的後勢發展失去信心，最顯而易見的，是英鎊在脫歐公投後已然大幅貶值。如果各國央行的外匯存底資產配置中，決定從此減少持有英鎊，將可能使英鎊失去準備貨幣的地位。從國際貨幣基金（IMF）的數據顯示，在 2015 年的第四季，英鎊約占各國央行外匯存底的 4.9％，是僅次於美元、歐元、日圓的第四大準備貨幣。一旦全球央行開始「倒出」英鎊，英鎊重貶的程度，實在是讓人難以想像！

　　而信評制度被調降，還會有怎樣的衝擊呢？由於信評機構的主權債信評等等級，主要決定於一國經濟的穩健程度。當該國的經濟發展愈是穩健，其信用評等就會愈高，於是，這個國家在國際市場上籌資的成本就會愈低廉（因為經濟成長率愈高，眾人都企盼可以前來分一杯羹，就算是利率相對較低，也會吸引資金蜂擁而至）。因此，理論上信用評等較高的國家，其籌集資金的利率通常也會較低。

　　而一旦被調降評等之後，除了債市成本提高，及其國內上市公司獲利有可能衰退之外，還有另一個隱憂，就是某些長線資金有可能被抽離！有些政府基金，或資產管理公司所管理的共同基金（例如退休金專戶）被內規規定只能投資在 AAA 等級的標的，一旦國家主權債信被調降了，這些龐大的資金部位就會礙於規定而被迫抽離該國家；一旦資金被抽離，金融市場失去動能，恐怕該國的股、債市要漲也難了！

　　最後要提醒讀者的是，信評指標與信評報告終究不是一種投資建議，它也絕對不是讓你在資本市場上，可以短期獲利的明牌，然而，它卻可以從風險的角度，提供給投資人立於不敗之地的參考。如果可以先求不敗，將來獲勝機率自然就會大大提高了。

觀念速解

國際貨幣基金

（International Monetary Fund，IMF）於 1945 年 12 月 27 日成立，為世界兩大金融機構之一，主要職責是監察各國貨幣匯率和貿易情況、提供技術和資金協助，以確保全球金融制度能夠正常運作。總部設置於美國華盛頓特區。

# 仔細看財報，避免存「股」變成存「骨」！

光看報紙新聞標題，就不分青紅皂白地衝動下單買進股票？下場往往是住進高檔套房！要避免這種慘事發生，掌握閱讀財報的精髓，是必須要學會的起手式。

單元
重點

· 營收創新高，股價卻跌停？關鍵在於毛利率！
· 爆量收黑的幕後黑手是誰？
· 股價高貴不貴 —— 本益比告訴你
· 解構本益比，破解股價高低迷思
· 財報亮眼再下手，不用擔心錯失良機
· 是存「股」？還是存「骨」？

### 「光電股」iPhone 6 鏡頭規格升，大立光看好 9 月合併營收再創高

摘錄自時報資訊 2014/09/12　記者張漢綺台北報導

iPhone 6 手機鏡頭維持原有 800 萬畫素，外資認為無力拉升大立光（3008）的 ASP（產品單位售價），因而看衰大立光，導致大立光今天盤中被打至跌停板鎖住。不過，大立光執行長林恩平年初時曾表示，光學鏡頭規格除了畫素提升外，光圈、變焦及防手震等功能提升，均可帶動光學鏡頭產業持續成長，只要客戶對手機鏡頭的規格及效能要求愈來愈高，對大立光就有利。大立光今天也表示，蘋果新款手機鏡頭較舊款提升，9 月合併營收維持原先看法，可望優於 8 月，再創單月歷史新高。

蘋果的新款 iPhone 6 於日前亮相，手機相機部分維持 800 萬畫素，而非市場誤傳的 1300 萬畫素，在市場「錯誤」期待下，iPhone 6 上市引動大立光的法人賣壓，導致大立光今天重挫、

被打至跌停板。

不過，若放眼全球各大光學鏡頭廠規模，蘋果手機鏡頭持續採用 800 萬畫素，本就是可預期的，以市調機構預估，蘋果新款 iPhone 6 上市後，單季銷售量上看 7000～8000 萬支、甚至 9000 萬支，若改採用 1300 萬畫素，根本沒有光學鏡頭廠有足夠產能可供應，法人及市場圈之前傳採用 1300 萬畫素，目前看來是「錯判」結果。

在 iPhone 6 啟動拉貨下，大立光自結 8 月合併營收為 39.63 億元，較 7 月營收成長 13%，較去年同月則大幅成長 65%，再創單月歷史新高；累計前 8 月合併營收 242.96 億元，較去年同期成長 57%。大立光預估，9 月合併營收將再創單月歷史新高。

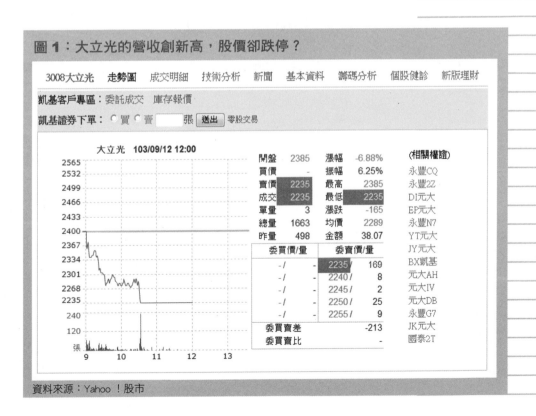

圖 1：大立光的營收創新高，股價卻跌停？

資料來源：Yahoo！股市

## 營收創新高，股價卻跌停？關鍵在毛利率！

我們常會看到公司在公布每月或每季財報數字時，會特別說明「營業收入」（即「營收」）數字；報章雜誌也會用斗大的字眼，強調某公司「本月營收達數千億」、「營收創歷史新高」等等。然而，這樣大篇幅報導亮麗的營收數字，是不是一定會激勵股價向上，而有一波漲幅呢？如果我們再進一步地去觀察營收創新高之後的股價表現，有時真的會拉出長紅，當然這是正常的反應，但有時候卻是反向下跌，然後隔天報紙會以「利多出盡」視之。

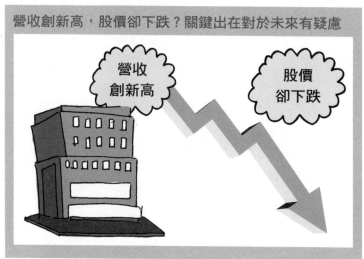

營收創新高，股價卻下跌？關鍵出在對於未來有疑慮

為什麼有時候股價會正向反應，不僅漲停，還漲個不停？但是也不乏股價在消息出爐之後，竟然爆大量而收長黑呢？其中的主要關鍵點在於，毛利率（或者營業利益率）是否隨著營收創新高而隨之提升？至少需要持平，不能減少，甚或大幅衰退。如果毛利率（或者營業利益率）是下跌的，縱使營收創新高，可能對於公司的淨利是沒有幫助的，自然對於 EPS 也沒有助益。

要解釋這種營收與毛利率背道而馳，進而讓股價反向下跌的原因，我們可從以下的公式得知：

**觀念速解**

**毛利率**

又稱銷售毛利率，是一個衡量盈利能力的指標，只以銷售收入和銷售成本計算，不計入其他人事管理費用，通常用百分數表示。當毛利率愈高，表示企業的盈利能力愈強。

重點　營業收入－營業成本＝營業毛利
　　　營業毛利－營業費用＝營業利益
　　　（由本業經營的損益）
　　　營業毛利／營業收入＝營業毛利率
　　　營業利益／營業收入＝營業利益率

當一家公司的「營業收入」攀高，自然是一件好事，但如果相對應的「營業成本」或「營業費用」也跟著增加，兩相抵銷，相較於以往，公司真正能賺到的收益可能不增反減，那麼也不用寄望會有很高的 EPS，這樣對股東也沒有什麼好處，自然股價會下跌了。

另外，公司營業收入增加的原因，有沒有可能是公司削價競爭的結果？如果不是靠創新、技術進步（像蘋果公司的 iPhone、iPad 系列），而使得營收頻創新高，卻是陷入價格戰，那就會像之前的聯發科一樣，即使出貨量提升，營收將

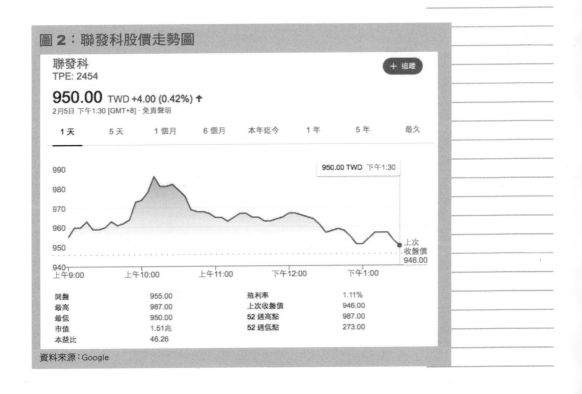

圖2：聯發科股價走勢圖

資料來源：Google

表1：聯發科歷年股價與財務績效表

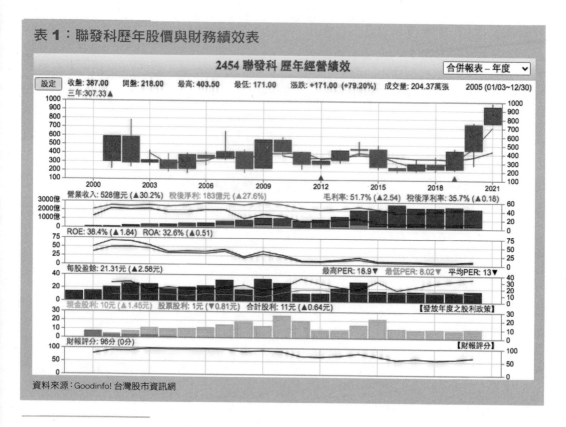

資料來源：Goodinfo! 台灣股市資訊網

較上一季成長，但由於市場同業採取價格戰的關係，而使得毛利率將持平或略低（表1），那麼對於股價走勢（參見上頁圖2），可能也沒有正面的幫助了。

## 爆量收黑的幕後黑手是誰？

在股票交易市場中，某段期間成交量不斷地湧現，但收盤價卻呈現下跌的格局，稱為「爆量收黑」。

我們知道，股票交易之所以會有成交，一定是有人願意買、有人願意賣。如果大家方向一致地看多（或看空），都想要買進（或賣出），卻沒有人要賣出（或買進），那麼股票市場一定沒有成交量。而今天會有違反常理的，在利多條件下爆大量且收黑的現象發生，代表一定有某些訊息是沒有揭露完全的。而這些「敢」在利多條件出「大量」股票的人，又有可能是誰呢？一般認為，可能會是大股東或

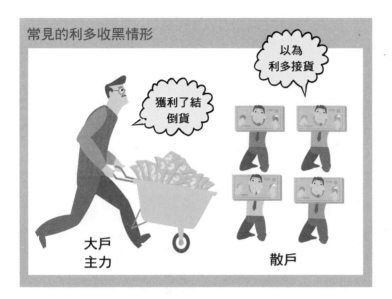

常見的利多收黑情形

以為
利多接貨

獲利了結
倒貨

大戶
主力

散戶

是主力，趁著大家（多半是散戶了）「沉醉」於營收創下歷史新高的氛圍裡，大量倒出籌碼，趁機獲利了結。

那麼你可能會質疑，這算「內線交易」嗎？「內線交易」自有其規範與罰則（參見下頁附註），我們在此不多加討論這個議題。但是我們可以延續前面財務比率的判斷方式，來做一個說明。

如果該公司宣稱其營收創新高，我們可以去瞭解：它的主力商品（就是占營收有相對較高百分比的商品）是什麼？主要的銷售區域前景如何？銷售對象是誰？有沒有過度集中的問題？這項商品在業界還有什麼利基點嗎？同業是不是很難以仿效？有沒有什麼進入障礙？「賞味期」是多久？

接下來，我們再進一步去瞭解前面提到的「毛利率」，還有「營業利益率」的高低及其趨勢如何？這些相關的數據及資訊，都可以在公司的財務報表上面找到，而其間意義及解讀方式，我們也在前面相關章節多所提及，讀者可以再自行參閱練習。久而久之，就不會因為某個單一事件或訊息公布，就急於搶進或賣出，而出現買在最高點，或出在最低點的遺憾了！

在本篇新聞中的主角，是蟬聯多年臺股股王——大立光，其股價高高在上，在 2016 年中的價位，一張高達 300 萬元以上，雖然一直是蘋果概念股中的要角，但也曾經因為市場錯估形勢、誤判其營收的結果，竟也能無情地將其打入跌停板價位！由此可知，下回當我們閱讀此類新聞時，千萬得確認內文，避免看到黑影就開槍，因而發生住進高檔套房的憾事！

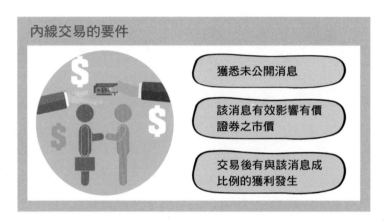

內線交易的要件

- 獲悉未公開消息
- 該消息有效影響有價證券之市價
- 交易後有與該消息成比例的獲利發生

【附註】

其在證券交易法第 157-1 條的「內線交易行為之規範」之原法條條文如下：（修正日期：民國 104 年 07 月 01 日）

下列各款之人，實際知悉發行股票公司有重大影響其股票價格之消息時，在該消息明確後，未公開前或公開後十八小時內，不得對該公司之上市或在證券商營業處所買賣之股票或其他具有股權性質之有價證券，自行或以他人名義買入或賣出：

一、該公司之董事、監察人、經理人及依公司法第二十七條第一項規定受指定代表行使職務之自然人。

二、持有該公司之股份超過百分之十之股東。

三、基於職業或控制關係獲悉消息之人。

四、喪失前三款身分後，未滿六個月者。

五、從前四款所列之人獲悉消息之人。

前項各款所定之人，實際知悉發行股票公司有重大影響其支付本息能力之消息時，在該消息明確後，未公開前或公開後十八小時內，不得對該公司之上市或在證券商營業處所買賣之非股權性質之公司債，自行或以他人名義賣出。

違反第一項或前項規定者，對於當日善意從事相反買賣之人買入或賣出該證券之價格，與消息公開後十個營業日收盤平均價格之差額，負損害賠償責任；其情節重大者，法院得依善意從事相反買賣之人之請求，將賠償額提高至三倍；其情節輕微者，法院得減輕賠償金額。

第一項第五款之人，對於前項損害賠償，應與第一項第一款至第四款提供消息之人，負連帶賠償責任。但第一項第一款至第四款提供消息之人有正當理由相信消息已公開者，不負賠償責任。

第一項所稱有重大影響其股票價格之消息，指涉及公司之財務、業務或該證券之市場供求、公開收購，其具體內容對其股票價格有重大影響，或對正當投資人之投資決定有重要影響之消息；其範圍及公開方式等相關事項之辦法，由主管機關定之。

第二項所定有重大影響其支付本息能力之消息，其範圍及公開方式等相關事項之辦法，由主管機關定之。

第二十二條之二第三項規定，於第一項第一款、第二款，準用之；其於身分喪失後未滿六個月者，亦同。第二十條第四項規定，於第三項從事相反買賣之人準用之。

 內線交易的要件：

1. 獲悉未公開消息。

2. 該消息有效影響有價證券之市價。

3. 交易後有與該消息成比例的獲利發生。

## 股價高貴不貴——本益比告訴你

目前臺股的股王是大立光，股價高達 3000 元以上（圖3），
換算下來，買一張大立光的股票，超過新臺幣 300 萬元！都
可以拿來當成買房的頭期款了。

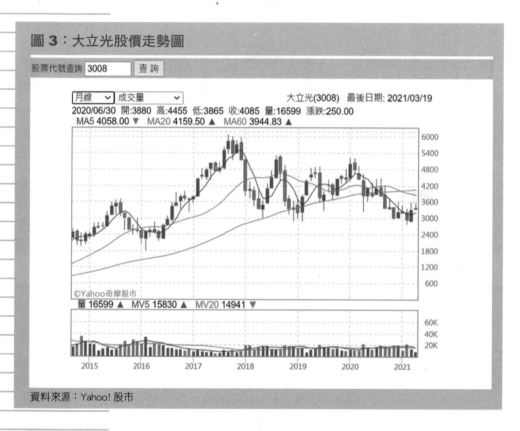

**圖 3：大立光股價走勢圖**

資料來源：Yahoo! 股市

**歷史高（低）點**

指一檔股票自進入金融
交易市場交易以來，隨
著時間的演進，在有紀
錄的成交價中，曾出現
過的最高（低）價，稱
為歷史高（低）點。

你心中可能想，這麼貴的股票，怎麼還會有人買呢？如
果我們看到它曾經漲到 3700 元，代表現在接近 3000 元的這
個價位，距離歷史高點，還有兩成以上的空間呢！那麼，為
什麼股價已經那麼「高貴」了，還會有人想要進場繼續買，
而往上推升股價呢？

主要的原因就在於，這家公司的財報數字好！那麼，為
什麼財報數字好的，它的股價會屢創新高，而且漲完一波之
後，還會繼續再漲？

　　所謂財報數字好，具體來說，指的是這家公司的獲利數字，特別是 EPS（每股盈餘）一次比一次要來得好。當每期的 EPS 都是亮麗出場時，表示這家公司是屬於優質、具競爭力的「績優成長股」，才會讓他們每月／季發布的營收數字，讓人驚艷再三，這些具有競爭力的公司，其優異的績效表現，就會如實地展現在財報數字上，而投資人對於這些亮眼的財報數字就會自動「換算」（如何換算，以下有進一步的說明）成股價，於是，隨著獲利數字的提高，股價也就跟著步步高升了。而當投資人預期股價會逐步上揚，當然就會成為市場上追逐卡位的標的了！這也就是為何財報好的公司，明明股價已經高不可攀，還會繼續節節高漲的原因。

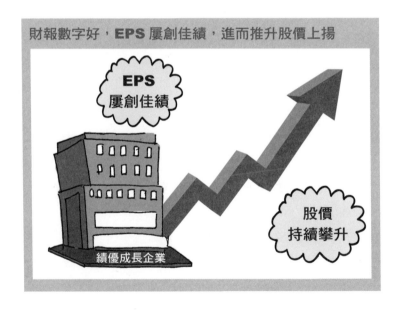

財報數字好，**EPS** 屢創佳績，進而推升股價上揚

　　至於這樣驚驚漲的股價，會再持續多久？究竟是不是太貴、而讓人買不下手、追不下去？那就牽涉到投資人如何評估股價的問題了。接下來，我們就以大家最耳熟能詳的評價方式──本益比來說明，什麼樣的股價，才叫合理呢？

### 解構本益比，破解股價高低迷思

首先，我們先來解構本益比（P/E）的公式，就是股價（P）／每股盈餘（EPS）。其中的「每股盈餘」，是指某一家公司在經過一段時間，可能是一個月、一季、半年或一年的經營之後，每一股可以賺到的金額。當該金額的數字愈大，表示這家公司在這個階段的獲利能力愈好，將來分配給股東的股利也可能愈多；於是，在預期投資報酬率提高的情況之下，自然會吸引更多潛在的投資人願意追價買進這家公司的股票，股價因此就會上漲；相反地，如果 EPS 每況愈下，就代表該公司的獲利能力變差，未來能分配給股東的紅利就有可能愈少；也因為預期賺到的錢很少，投資人當然就愈不看好這檔股票。而在投資人多半只有一套資金的情況下，就會轉而找尋更有效率、報酬更高的其他標的；於是，在眾多投資人既不願意擁有、也不想擁有的情況下，結果股價不是不動如山，就是一路下滑了。

**重點** ▷ 本益比（P/E）＝股價（P）／每股盈餘（EPS）

**觀念速解**

**本益比**

即成本與收益的比值。以投資市場而言，這裡的成本指的是買進股票時的每股價格；而收益則是指某期間該股票的每股稅後純益。

　　有了這些基本觀念之後，我們再進一步分析「本益比」中各個變數之間的關係。在「本益比」（P／E）中的「本」，是指股票的每股市價，也是投資人買進這檔股票的成本，就是公式中的分子 P；而「益」是指這家公司在經營一年之後，累積的每股稅後純益 EPS，也就是分母中的 E，因此，「本益比」（P／E）其實就是將「每股股價」（投資人的持有成本）除以「每股稅後純益」（公司經營一段時間的利潤，我們假設公司都沒有保留盈餘，會將這部分的利潤全部給股東）所得到的倍數。

　　而這個指標大小，通常就是分析師據以評估目前的股價是便宜還是昂貴的參考數據。例如：某甲公司目前的股價是

15 元，EPS 是 1 元，因此，甲公司目前的本益比為 15，這個數據表示：甲公司目前股票之市價是它 EPS 的 15 倍。

至於這 15 倍代表什麼意思呢？如果我們仔細觀察，可以發現，本益比的倒數其實就是投資這家公司的投資報酬率。為什麼這樣說呢？我們如果先將分子跟分母顛倒過來，就成了「益本比」（E ／ P），這個公式的意義，就是你花多少錢買進這家公司的股票（P），可以因而獲得多少的收益（E）。誠如前面的假設：這家公司都沒有保留盈餘，會將這部分的利潤全部分給股東；因此，這個「益本比」（E ／ P）就是你將本求利能夠得到的數字，也就是投資報酬率了。

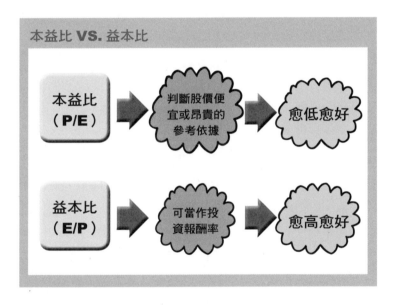

**本益比 VS. 益本比**

本益比（P/E）→ 判斷股價便宜或昂貴的參考依據 → 愈低愈好

益本比（E/P）→ 可當作投資報酬率 → 愈高愈好

於是，如果某家公司本益比數字愈低，代表投資人可以用比較低的價格買到這家公司的股票，相對地，也就是買進該家公司股票的投資報酬率較高；反之，高本益比，代表投資人需要以更高的價格，才能獲得相同的股利，也就是投資報酬率較低。由此可見，本益比是用來衡量報酬率高低的參考數值；而低本益比代表著投資成本較低，也就是報酬率較高，因此較能被投資人所青睞，而願意積極地買進。

本益比除了可以評估個股的股價是否值得你投資之外，也可以用來評估該個股在產業中相對應於其他家公司的價值。以剛剛的例子繼續說明：甲公司目前的本益比為 15 倍，假設甲公司所屬行業別平均本益比現時為 10 倍，這中間的差距代表什麼意思呢？目前甲公司和產業中的相對本益比為 1.5 倍，表示甲公司的本益比高出其行業別平均本益比達 50％之多。

投資人之所以願意賦予甲公司較高的本益比（也就是相較於同業的股價較高），可能原因是甲公司位居該產業的標竿，或者是較具成長性；因此，投資人願意賦予其較高的本益比，也就是願意用較高的成本去追逐，持有這家公司的股票，而使得甲公司的本益比高於同產業的平均值。

所以，如果有那麼一家好公司，每個月 10 日之前公布的財務數字都很亮眼，都有好消息，累積起來每季的獲利（EPS）都創下歷史新高，自然而然會吸引眾多人馬去追逐籌碼，那麼該公司的股價要不持續上漲也很難了！

因此，當你覺得 2014 年 3 月底股價高達 1400 元的大立光，已經突破 2011 年 4 月底由宏達電所創下 1300 元股價的天花板，股價應該漲不上去而遲疑不敢買時，結果它還一直漲、漲不停，到了 2015 年的 7 月，股價已經飆漲超過 3700 元了（如右頁圖4）！漲幅還不只翻倍呢！原因是什麼？因為大立光這家公司每年的 EPS 都讓人讚嘆不已（參看第 182 頁表2），股價自然也會漲得讓人咋舌了！

而從表2 我們也可以發現，大立光的 EPS 從本世紀開始，也是跳躍式的成長！從 2000 年 EPS 只有 14 元，經過了 15 年，到 2014 年已經成長到 10 倍，EPS 已經達到 144.91 元了！同一期間的股價也從最低的 152 元，上漲到了 3715 元，翻漲超過 24 倍，這就是股價高貴不貴的道理了！

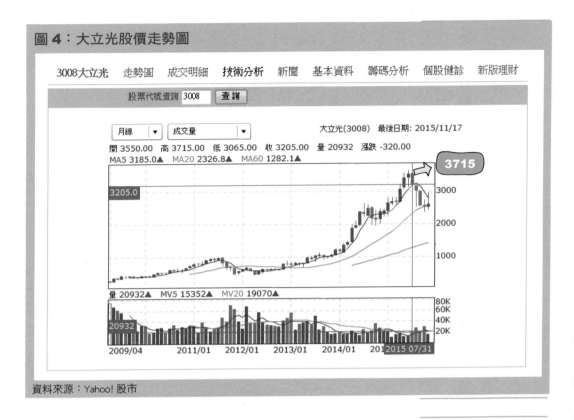

圖4：大立光股價走勢圖

資料來源：Yahoo! 股市

　　如果是這樣的話，我們投資股票是不是就鎖定在股王或股后這些指標股好了？你可能會有這樣的結論！在這裡，我們還要另外提醒投資朋友的是，通常投資股王、股后不是貴不貴的問題（畢竟要湊出個300萬元買股票的投資人仍然是大有人在），而是要注意到股王、股后下跌的風險較高。

　　我們可以從第176頁圖3看到，股王大立光在2015年中，抵達3715元的高點之後（上圖4），短短數月間，就跌掉1830元，最低跌到1885元，近乎腰斬（參看183頁圖5）！但隨後又在業績的支撐下，漲回3000元附近。

　　股票向來就是有漲得多、回檔的可能性也就愈大的慣性（因為總會有人想要獲利了結）！因此，如果是動了想要追逐股王的念頭的人，除了口袋不能太淺、得要夠深之外，就是隨時得要繫好安全帶了！

# 表2：大立光歷年財務資料

| 年度 | 股本(億) | 財報評分 | 年度股價(元) | | | | 獲利金額(億) | | | | | 獲利率(%) | | | | ROE(%) | ROA(%) | EPS(元) | | BPS(元) |
|---|---|---|---|---|---|---|---|---|---|---|---|---|---|---|---|---|---|---|---|---|
| | | | 收盤 | 平均 | 漲跌 | 漲跌(%) | 營業收入 | 營業毛利 | 營業利益 | 業外損益 | 稅後淨利 | 營業毛利 | 營業利益 | 業外損益 | 稅後淨利 | | | 稅後EPS | 年增(元) | |
| 2021 | - | - | 3050 | 2997 | -145 | -4.5 | - | - | - | - | - | - | - | - | - | | | - | | - |
| 20Q3 | 13.4 | 81 | 3195 | 3857 | -1805 | -36.1 | 407 | 276 | 236 | -5.2 | 176 | 67.9 | 58.2 | -1.28 | 43.2 | 18(年估) | 14.9(年估) | 131.03 | -19.34 | 997.06 |
| 2019 | 13.4 | 87 | 5000 | 4224 | +1785 | +55.5 | 607 | 419 | 365 | 0.8 | 283 | 69 | 60.1 | 0.13 | 46.5 | 24.2 | 19.7 | 210.7 | +29.03 | 942.25 |
| 2018 | 13.4 | 94 | 3215 | 3940 | -805 | -20 | 500 | 344 | 296 | 15.8 | 244 | 68.8 | 59.3 | 3.17 | 48.8 | 24.4 | 19.6 | 181.67 | -11.98 | 802.14 |
| 2017 | 13.4 | 89 | 4020 | 5028 | +230 | +6.1 | 531 | 369 | 321 | -1.34 | 260 | 69.4 | 60.4 | -0.25 | 48.9 | 30.7 | 24.4 | 193.65 | +24.18 | 688.81 |
| 2016 | 13.4 | 91 | 3790 | 3066 | +1520 | +67 | 484 | 324 | 279 | 3.37 | 227 | 67.1 | 57.7 | 0.7 | 47 | 32.4 | 25.1 | 169.47 | -10.61 | 572.85 |
| 2015 | 13.4 | 91 | 2270 | 2839 | -125 | -5.2 | 559 | 321 | 277 | 15.1 | 242 | 57.4 | 49.5 | 2.69 | 43.2 | 44.1 | 33.3 | 180.08 | +35.17 | 472.54 |
| 2014 | 13.4 | 89 | 2395 | 1978 | +1180 | +97.1 | 458 | 245 | 211 | 19 | 194 | 53.5 | 46 | 4.14 | 42.4 | 50.7 | 39 | 144.91 | +73.27 | 344.4 |
| 2013 | 13.4 | 91 | 1215 | 932 | +437 | +56.2 | 274 | 130 | 108 | 7.2 | 96.1 | 47.2 | 39.3 | 2.62 | 35 | 36 | 27.5 | 71.64 | +30.03 | 226.97 |
| 2012 | 13.4 | 81 | 778 | 623 | +212 | +37.5 | 201 | 83.6 | 68 | 0.17 | 55.8 | 41.7 | 33.9 | 0.08 | 27.8 | 26.1 | 19.9 | 41.61 | +2.85 | 171.94 |
| 2011 | 13.4 | 87 | 566 | 785 | -159 | -21.9 | 160 | 69.4 | 54.7 | 3.64 | 52 | 43.4 | 34.2 | 2.28 | 32.5 | 28.7 | 23.7 | 38.76 | +8.61 | 147.68 |
| 2010 | 13.4 | 89 | 725 | 546 | +304 | +72.2 | 124 | 58.1 | 46.6 | -3.28 | 40.4 | 47 | 37.7 | -2.65 | 32.7 | 26.9 | 23.3 | 30.15 | +11.53 | 122.16 |
| 2009 | 13.4 | 85 | 421 | 343 | +217.5 | +107 | 81.5 | 35.7 | 27.2 | -0.79 | 24.9 | 43.8 | 33.4 | -0.97 | 30.5 | 19.4 | 17 | 18.62 | -6.3 | 102.18 |
| 2008 | 13 | 94 | 203.5 | 345 | -226.5 | -52.7 | 74.8 | 40.1 | 31.4 | 2 | 32.4 | 53.6 | 42 | 2.68 | 43.4 | 29.4 | 26.1 | 24.92 | +4.48 | 91.68 |
| 2007 | 12.6 | 96 | 430 | 422 | -200 | -31.7 | 58.8 | 32.8 | 29.2 | 0.85 | 25.7 | 55.7 | 49.6 | 1.45 | 43.7 | 26.7 | 23.9 | 20.44 | -11.62 | 80.5 |
| 2006 | 12.1 | 89 | 630 | 635 | +112 | +21.6 | 73.4 | 45.5 | 41.1 | 0.55 | 38.9 | 61.9 | 56 | 0.75 | 53 | 51 | 43.9 | 32.06 | +17.13 | 75.45 |
| 2005 | 11.5 | 85 | 518 | 254 | +341 | +193 | 40.3 | 21.6 | 17.9 | -1.21 | 17.1 | 53.7 | 44.4 | -3 | 42.5 | 31.1 | 26.5 | 14.93 | +4.45 | 53.18 |
| 2004 | 10.7 | 91 | 177 | 295 | -153 | -46.4 | 27 | 14 | 10.8 | 0.04 | 11.3 | 51.8 | 40.1 | 0.15 | 41.6 | 24.1 | 20.5 | 10.48 | -3.6 | 45.65 |

| 年度 | 股本(億) | 財報評分 | 年度股價(元) | | | | 獲利金額(億) | | | | | 獲利率(%) | | | | ROE(%) | ROA(%) | EPS(元) | | BPS(元) |
|---|---|---|---|---|---|---|---|---|---|---|---|---|---|---|---|---|---|---|---|---|
| | | | 收盤 | 平均 | 漲跌 | 漲跌(%) | 營業收入 | 營業毛利 | 營業利益 | 業外損益 | 稅後淨利 | 營業毛利 | 營業利益 | 業外損益 | 稅後淨利 | | | 稅後EPS | 年增(元) | |
| 2003 | 9.59 | 94 | 330 | 262 | +136 | +70.1 | 26.4 | 14.9 | 12.7 | 1.4 | 13.5 | 56.5 | 48 | 5.3 | 51.1 | 33.8 | 28.2 | 14.08 | +3.9 | 46.23 |
| 2002 | 8.55 | 91 | 194 | 231 | -25 | -11.4 | 19.5 | 10.1 | 8.11 | 1.33 | 8.7 | 51.8 | 41.7 | 6.81 | 44.7 | 26.9 | 23.1 | 10.18 | +0.15 | 41.67 |
| 2001 | 6.22 | 91 | - | - | - | - | 14.2 | 6.95 | 5.37 | 2.44 | 5.62 | 49.1 | 37.9 | 17.2 | 39.7 | 19.3 | 16.5 | 10.03 | -4.36 | 46.82 |
| 2000 | 3 | - | - | - | - | - | - | - | - | - | 3.25 | - | - | - | - | - | - | 14.39 | +1.1 | 50.61 |
| 1999 | 1.6 | - | - | - | - | - | - | - | - | - | 2.13 | - | - | - | - | - | - | 13.29 | - | - |

資料來源：Goodinfo! 台灣股市資訊網

## 圖 5：大立光股價走勢圖

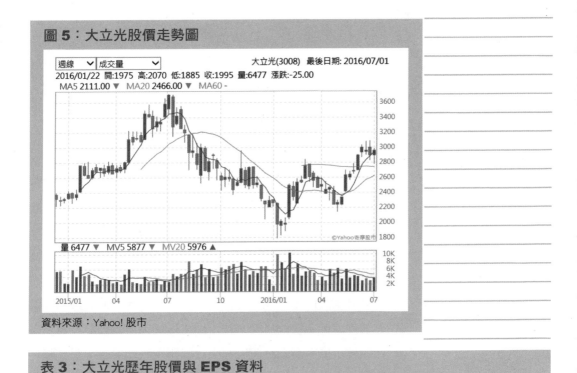

| 週線 ▾ | 成交量 ▾ | | 大立光(3008) 最後日期: 2016/07/01 |
| --- | --- | --- | --- |

2016/01/22 開:1975 高:2070 低:1885 收:1995 量:6477 漲跌:-25.00
MA5 2111.00 ▼ MA20 2466.00 ▼ MA60 -

量 6477 ▼ MV5 5877 ▼ MV20 5976 ▲

©Yahoo奇摩股市

資料來源：Yahoo! 股市

## 表 3：大立光歷年股價與 EPS 資料

| | 股 利 政 策 | | | | | | | | | | | 殖 利 率 統 計 | | | | | | | 盈 餘 分 配 率 統 計 | | | | |
| --- | --- | --- | --- | --- | --- | --- | --- | --- | --- | --- | --- | --- | --- | --- | --- | --- | --- | --- | --- | --- | --- | --- | --- |
| | 股東股利 (元/股) | | | | | | 股利總計 | | | 填息花費日數 | 填權花費日數 | | 股價統計(元) | | | 年均殖利率(%) | | | | | 盈餘分配率(%) | | |
| 股利發放年度 | 現金股利 | | | 股票股利 | | | 股利合計 | 現金(億) | 股票(千張) | | | 股價年度 | 最高 | 最低 | 年均 | 現金 | 股票 | 合計 | 股利所屬期間 | EPS(元) | 配息 | 配股 | 合計 |
| | 盈餘 | 公積 | 合計 | 盈餘 | 公積 | 合計 | | | | | | | | | | | | | | | | | |
| 2021 | 91.5 | 0 | 91.5 | 0 | 0 | 0 | 91.5 | 123 | 0 | - | - | 2021 | 3590 | 2770 | 3189 | 2.87 | 0 | 2.87 | 2020 | 182.9 | 50 | 0 | 50 |
| 2020 | 79 | 0 | 79 | 0 | 0 | 0 | 79 | 106 | 0 | - | - | 2020 | 5210 | 2945 | 3857 | 2.05 | 0 | 2.05 | 2019 | 210.7 | 37.5 | 0 | 37.5 |
| 2019 | 68 | 0 | 68 | 0 | 0 | 0 | 68 | 91.2 | 0 | 2 | - | 2019 | 5200 | 2880 | 4224 | 1.61 | 0 | 1.61 | 2018 | 181.67 | 37.4 | 0 | 37.4 |
| 2018 | 72.5 | 0 | 72.5 | 0 | 0 | 0 | 72.5 | 97.3 | 0 | 1 | - | 2018 | 5330 | 2875 | 3940 | 1.84 | 0 | 1.84 | 2017 | 193.65 | 37.4 | 0 | 37.4 |
| 2017 | 63.5 | 0 | 63.5 | 0 | 0 | 0 | 63.5 | 85.2 | 0 | 1 | - | 2017 | 6075 | 3780 | 5028 | 1.26 | 0 | 1.26 | 2016 | 169.47 | 37.5 | 0 | 37.5 |
| 2016 | 63.5 | 0 | 63.5 | 0 | 0 | 0 | 63.5 | 85.2 | 0 | 22 | - | 2016 | 3980 | 1790 | 3066 | 2.07 | 0 | 2.07 | 2015 | 180.08 | 35.3 | 0 | 35.3 |
| 2015 | 51 | 0 | 51 | 0 | 0 | 0 | 51 | 68.4 | 0 | 1 | - | 2015 | 3715 | 2045 | 2839 | 1.8 | 0 | 1.8 | 2014 | 144.91 | 35.2 | 0 | 35.2 |
| 2014 | 28.5 | 0 | 28.5 | 0 | 0 | 0 | 28.5 | 38.2 | 0 | 2 | - | 2014 | 2640 | 1105 | 1978 | 1.44 | 0 | 1.44 | 2013 | 71.64 | 39.8 | 0 | 39.8 |
| 2013 | 17 | 0 | 17 | 0 | 0 | 0 | 17 | 22.8 | 0 | 62 | - | 2013 | 1250 | 681 | 932 | 1.82 | 0 | 1.82 | 2012 | 41.61 | 40.9 | 0 | 40.9 |
| 2012 | 17 | 0 | 17 | 0 | 0 | 0 | 17 | 22.8 | 0 | 1 | - | 2012 | 899 | 451 | 623 | 2.73 | 0 | 2.73 | 2011 | 38.76 | 43.9 | 0 | 43.9 |
| 2011 | 13.5 | 0 | 13.5 | 0 | 0 | 0 | 13.5 | 18.1 | 0 | 1 | - | 2011 | 1005 | 466 | 785 | 1.72 | 0 | 1.72 | 2010 | 30.15 | 44.8 | 0 | 44.8 |
| 2010 | 10 | 0 | 10 | 0 | 0 | 0 | 10 | 13.4 | 0 | 1 | - | 2010 | 765 | 388 | 546 | 1.83 | 0 | 1.83 | 2009 | 18.62 | 53.7 | 0 | 53.7 |
| 2009 | 10 | 0 | 10 | 0.2 | 0 | 0.2 | 10.2 | 13 | 2.6 | 1 | 1 | 2009 | 465.5 | 194.5 | 343 | 2.92 | 0.06 | 2.97 | 2008 | 24.92 | 40.1 | 0.8 | 40.9 |
| 2008 | 9.8 | 0 | 9.8 | 0.2 | 0 | 0.2 | 10 | - | - | 240 | 240 | 2008 | 470 | 167 | 345 | 2.84 | 0.06 | 2.9 | 2007 | 20.44 | 47.9 | 0.98 | 48.9 |
| 2007 | 11.4 | 0 | 11.4 | 0.2 | 0 | 0.2 | 11.6 | - | - | 37 | 37 | 2007 | 645 | 260 | 422 | 2.7 | 0.05 | 2.75 | 2006 | 32.06 | 35.6 | 0.62 | 36.2 |
| 2006 | 7 | 0 | 7 | 0.5 | 0 | 0.5 | 7.5 | - | - | 29 | 29 | 2006 | 766 | 482 | 635 | 1.1 | 0.08 | 1.18 | 2005 | 14.93 | 46.9 | 3.35 | 50.2 |

資料來源：Goodinfo! 台灣股市資訊網

## 財報亮眼再下手，不用擔心錯失良機

亮麗的財報數字，的確是支撐股價立於不墜的重要因素，但往往會有投資人認為，如果等到財報公布之後再進場買股，會不會剛好成為主力出貨的對象，買到高點而套牢？對於未來存在諸多不確定因素而心生恐懼而舉棋不定，這是很正常的，而且是持盈保泰應該有的心態，然而，如果你把股票當成資產配置中的一環，那麼，重點將會在於如何能夠買股買得安心，而不至於因為市況多變而惶惶不可終日，於是，關注財報上數字的變化趨勢，的確是一帖良方。

既然買股票是要買得心安，而不是汲汲營營要買在股價的最低點，那麼，你當然得花一點時間定期關注你所投資公司的財務狀況；因為股票跟人一樣，也是要定期健檢的。當你買到讓你心安的股票之後，你才能夠伺機而動地在短線賺取價差，或是耐心持股等候中長線賺取股利收益（現金股利跟股票股利），特別是現在國際間各項干擾因素紛陳，彼此相互影響，如果公司受到短線主客觀因素的衝擊，肯定會造成該公司股價極大的波動。然而，如果公司的基本面良好，一旦蝴蝶效應塵埃落定，股價一定會再回歸到基本面的。

我們可以看到 2016 年 6 月 24 日英國脫歐公投這麼大的黑天鵝事件，也只不過影響股市兩、三天而已，隨後，股市還是回歸到基本面。我們看到臺股的精神指標——台積電，對於英國脫歐公投事件，也只是一日重挫（6 月 24 日當天最低跌到 154.5 元），之後還連續上漲五天（參看右頁圖 6），甚至還在短短三天之內百分百填息，在還原權值之後，股價並創下近 16 年來的新高！主要原因就在於台積電的基本面很好，而這些變化都可以從財務報表中解讀出來的。因此，要想安心存股票，實在不用擔心進場的時機太慢，重點是要挑對標的股票不是嗎？所以，你更是要注意其財報的變化，更是要看完財報才出手。

**觀念速解**

**蝴蝶效應**

指即使是微小的變化，也能帶動整個系統長期且巨大的連鎖反應。也就是說，一件表面上看來毫無關係、非常微小的事情，也可能產生巨大的影響力。

### 圖 6：台積電股價走勢圖

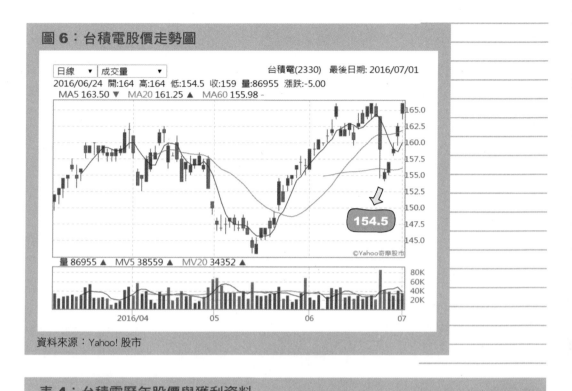

資料來源：Yahoo! 股市

### 表 4：台積電歷年股價與獲利資料

| 年度 | 股本(億) | 財報評分 | 年度股價(元) | | | | 獲利金額(億) | | | | | 獲利率(%) | | | | ROE(%) | ROA(%) | EPS(元) | | BPS(元) |
| | | | 收盤 | 平均 | 漲跌 | 漲跌(%) | 營業收入 | 營業毛利 | 營業利益 | 業外損益 | 稅後淨利 | 營業毛利 | 營業利益 | 業外損益 | 稅後淨利 | | | 稅後EPS | 年增(元) | |
|---|---|---|---|---|---|---|---|---|---|---|---|---|---|---|---|---|---|---|---|---|
| 2021 | - | - | 632 | 605 | +102 | +19.2 | - | - | - | - | - | - | - | - | - | - | - | - | - | - |
| 20Q3 | 2,593 | 89 | 530 | 379 | +199 | +60.1 | 9,777 | 5,159 | 4,097 | 140 | 3,751 | 52.8 | 41.9 | 1.43 | 38.4 | 29.3(年估) | 20.4(年估) | 14.47 | +5.63 | 68.93 |
| 2019 | 2,593 | 89 | 331 | 262 | +105.5 | +46.8 | 10,700 | 4,927 | 3,727 | 171 | 3,453 | 46 | 34.8 | 1.6 | 32.3 | 20.9 | 15.9 | 13.32 | -0.22 | 62.53 |
| 2018 | 2,593 | 94 | 225.5 | 237 | -4 | -1.7 | 10,315 | 4,979 | 3,836 | 139 | 3,511 | 48.3 | 37.2 | 1.35 | 34 | 21.9 | 17.2 | 13.54 | +0.31 | 64.67 |
| 2017 | 2,593 | 91 | 229.5 | 210 | +48 | +26.4 | 9,774 | 4,948 | 3,856 | 106 | 3,431 | 50.6 | 39.4 | 1.08 | 35.1 | 23.6 | 17.7 | 13.23 | +0.34 | 58.7 |
| 2016 | 2,593 | 91 | 181.5 | 166 | +38.5 | +26.9 | 9,479 | 4,748 | 3,780 | 80 | 3,342 | 50.1 | 39.9 | 0.84 | 35.3 | 25.6 | 18.9 | 12.89 | +1.07 | 53.58 |
| 2015 | 2,593 | 94 | 143 | 140 | +2 | +1.4 | 8,435 | 4,104 | 3,200 | 304 | 3,066 | 48.7 | 37.9 | 3.6 | 36.3 | 27 | 19.4 | 11.82 | +1.64 | 47.11 |
| 2014 | 2,593 | 91 | 141 | 123 | +35.5 | +33.6 | 7,628 | 3,777 | 2,959 | 62.1 | 2,639 | 49.5 | 38.8 | 0.81 | 34.6 | 27.9 | 19.1 | 10.18 | +2.92 | 40.32 |
| 2013 | 2,593 | 89 | 105.5 | 104 | +8.5 | +8.8 | 5,970 | 2,809 | 2,094 | 60.6 | 1,881 | 47.1 | 35.1 | 1.01 | 31.5 | 23.9 | 16.9 | 7.26 | +0.84 | 32.69 |
| 2012 | 2,592 | 89 | 97 | 84.1 | +21.2 | +28 | 5,067 | 2,441 | 1,812 | 5 | 1,663 | 48.2 | 35.8 | 0.1 | 32.8 | 24.5 | 19.1 | 6.42 | +1.24 | 27.9 |
| 2011 | 2,592 | 94 | 75.8 | 72.1 | +4.8 | +6.8 | 4,271 | 1,941 | 1,416 | 35.9 | 1,342 | 45.5 | 33.1 | 0.84 | 31.5 | 22.2 | 18 | 5.18 | -1.06 | 24.29 |
| 2010 | 2,591 | 96 | 71 | 62 | +6.5 | +10.1 | 4,195 | 2,071 | 1,592 | 111 | 1,616 | 49.4 | 37.9 | 2.64 | 38.7 | 30.1 | 24.7 | 6.24 | +2.79 | 22.16 |
| 2009 | 2,590 | 91 | 64.5 | 55.5 | +20.1 | +45.3 | 2,957 | 1,293 | 920 | 35 | 892 | 43.7 | 31.1 | 1.18 | 30.3 | 18.3 | 15.5 | 3.45 | -0.41 | 19.11 |
| 2008 | 2,563 | 94 | 44.4 | 56.4 | -17.6 | -28.4 | 3,332 | 1,417 | 1,044 | 70.4 | 999 | 42.5 | 31.3 | 2.11 | 30.2 | 20.7 | 17.8 | 3.86 | -0.28 | 18.59 |
| 2007 | 2,643 | 94 | 62 | 65.5 | -5.5 | -8.1 | 3,226 | 1,424 | 1,117 | 99.2 | 1,092 | 44.1 | 34.6 | 3.07 | 34.1 | 22 | 19 | 4.14 | -0.79 | 19.03 |
| 2006 | 2,583 | 96 | 67.5 | 61.3 | +5 | +8 | 3,174 | 1,558 | 1,273 | 61 | 1,270 | 49.1 | 40.1 | 1.92 | 40.1 | 26.6 | 23 | 4.93 | +1.14 | 19.69 |
| 2005 | 2,473 | 94 | 62.5 | 54.1 | +12 | +23.8 | 2,666 | 1,182 | 910 | 32.9 | 936 | 44.3 | 34.1 | 1.24 | 35.1 | 22.2 | 18.4 | 3.79 | -0.18 | 18.04 |

資料來源：Goodinfo! 台灣股市資訊網

**配息**

即公司有獲利時，配發給股東的現金股利，一般是以每股為計算單位，例如配發 1 元股息時，即表示每股配發 1 元，一張股票即可配得 1000 元現金股利。

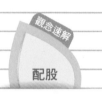

**配股**

即公司有獲利時，配發給股東的股票股利，也是以每股為計算單位，例如配發 1 元股利時，即表示每股加發 0.1 股股票，若原本有一張股票（1000 股），配股後的股數即為 1100 股。

**現金股利**

公司有獲利時，以現金作為分紅標的，發放給股東。

## 是存「股」？還是存「骨」？

一家獲利穩定，再加上配息穩定的公司，讓你可長可久安心地持有；於是，短線的漲跌，就不是那麼重要。如果你一開始就打算將部分的資金配置在中長期，希望所買進的公司股票，會定期地分紅配股，穩穩地發給你現金股利或股票股利。而符合這些規格的好公司，要如何找呢？還是只能透過仔細解析財務報表了。這種穩紮穩打的資產配置方式，有人稱為「存股策略」。

而因為想要存股，那麼在挑選標的股票時，還得瞭解這家公司歷年來的股利政策，也就是股利發放的趨勢變化如何？如果像台積電一樣，每年都發放不錯的現金股利，自然是理想的存股對象（參見右頁圖 7）。畢竟公司能夠發放股利，是因為公司能夠持續穩定獲利，如果公司還能夠每年都加碼發放現金股利的話，基本上代表公司的獲利是處於穩健增長的；相反地，如果一家公司的股利發放情況，是每年都在縮水的話，那麼，你得留意這家公司是不是要被歸類到夕陽產業的成員名單，自然也不應該是你存股的對象了。

因此，如果想要中長期抱股，而且抱得安心，而不是步步驚心，學會看懂財報，瞭解這家公司是不是專精於本業（可以從綜合損益表、現金流量表看出來）？如何將本求利？會不會黑字倒閉（資產負債表、現金流量表有線索可以透露）？才能每年穩穩地賺取股利收益。一旦知道如何挑精撿肥，選對了好公司，在存「股」而不是存「骨」之外，還可以讓你穩紮穩打，進可攻、退可守。

什麼是進可攻、退可守呢？當你挑中的個股，隨著這家公司公布耀眼的財報而讓股價上漲時，你可以選擇在高檔出脫股票轉而賺取價差（因為這時候如果你選擇賣掉股票，賺到的價差，可能會勝過你好幾年的股利報酬率）。如果該公司剛好遇到市場亂流，使得股價下跌時，因為這家是你

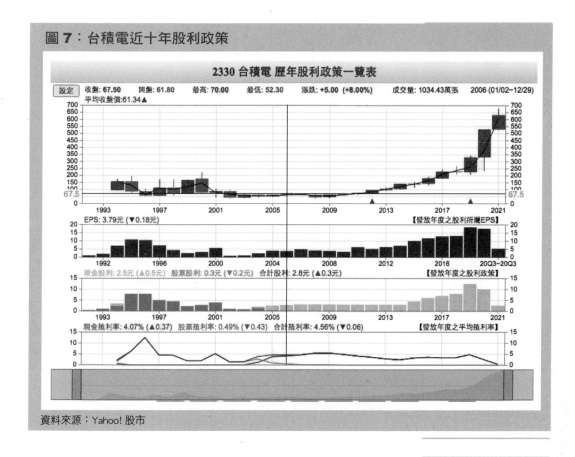

圖 **7**：台積電近十年股利政策

資料來源：Yahoo! 股市

做過功課、仔細挑選過的好公司，遇到這個可逢低承接的機會，自然可以安心地在低檔加碼買進，把握增加收益的契機。如果你挑選到的是這樣的一家公司，那麼不管股價漲跌，日日是好日，每天再也不需要因為股價的漲跌變化，心中七上八下；每天都有好心情，不就是存股票的投資人

# 庫藏股是公司護盤萬靈丹？小心良藥變成毒藥，反倒讓投資人對企業失去信心！

當企業執行庫藏股時，通常是因為看好未來、想抑制市場對於公司不利的傳言，或是目前股價狂跌，甚至是已經低於淨值等。可是，有些公司卻別有所圖，這時候，你得要有判斷是否跟進的能力。

單元重點

· 庫藏股，救股價的良藥？
· 執行庫藏股再搭配基本面，宏達電股價趁勢而起
· 從股東／投資人的立場看庫藏股的執行
· 從公司的立場看庫藏股的執行
· 買進庫藏股——停、看、聽！

觀念速解

**庫藏股**

指公司將自己已經發行的股票重新再買回，接著存放於公司而尚未註銷或重新售出，這樣的股票叫做「庫藏股」。

## 宏達電祭庫藏股 股價開紅成亮點

摘錄 2016-05-16《經濟日報》記者馬瑞璘

　　宏達電（2498）週日晚間宣布今日起執行庫藏股，總計買回 4 萬張庫藏股，每股買回區間價格在 47 到 70 元；帶動宏達電今日開高走高，早盤漲幅 5.69%，成交量迅速放大至 1.12 萬張，股價重新站回 60 元關卡，成為台股早盤少數開紅亮點股，只是，早盤多空兩方仍然交戰激烈，讓宏達電日 K 浮現一根十字線，上攻 5 日線未果。

　　宏達電在公告中指出，過去數個交易日中，由於公司股價受市場不同傳聞因素影響，為維護公司信用與股東權益，經董事會決議，即日起開始執行庫藏股買回。

# 庫藏股——救股價的良藥？

曾經貴為臺股股王，而且股價曾經在 2011 年 4 月分衝高到 1300 元的宏達電（股價走勢參見下頁圖 2），為什麼還要啟動庫藏股護盤呢？而且執行庫藏股的紀錄還不只一次。最近這一次（2016/5/16 開始），是宏達電過去 11 年以來的第 13 次執行庫藏股；由於前一次庫藏股執行率（執行期間為 104/08/28 ～ 104/09/09）僅 8.2％，因此，這次宏達電庫藏股的執行率如何，原本市場存疑，但是搭配虛擬實境（VR）裝置 HTC Vive 正在熱頭上，該次的執行效果，倒也讓人刮目相看（參見圖 1，股價從 60.2 元起漲到超過百元）。

如果往前追溯到 2010 年年初開始至 2011 年，在這段期間，宏達電也曾經執行過五次的庫藏股（詳見第 191 頁表 1），這連續五次執行庫藏股的「績效」更是可觀，宏達電的股價從 300 元左右，一路飆高到 1300 元（下頁圖 2），中間還曾

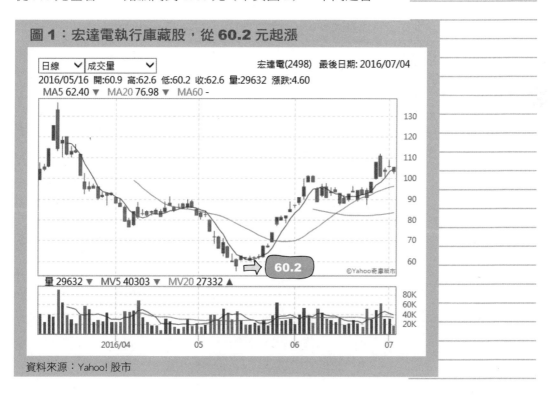

圖 1：宏達電執行庫藏股，從 60.2 元起漲

資料來源：Yahoo! 股市

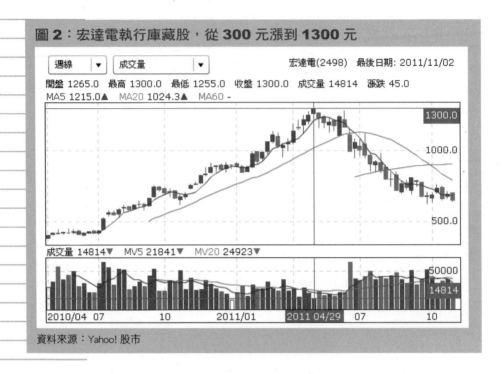

圖 2：宏達電執行庫藏股，從 300 元漲到 1300 元

週線 ▼　成交量 ▼　　　　　　宏達電(2498)　最後日期: 2011/11/02

開盤 1265.0　最高 1300.0　最低 1255.0　收盤 1300.0　成交量 14814　漲跌 45.0
MA5 1215.0▲　MA20 1024.3▲　MA60 -

成交量 14814▼　MV5 21841▼　MV20 24923▼

2010/04　07　　　　10　　　2011/01　　2011 04/29　07　　　　10

資料來源：Yahoo! 股市

經歷過一次的除權息交易（2012 年 7 月間決定發放股票股利 0.5 元，現金股利 26 元。參見右頁表 2）。為什麼從 2010 年至 2011 年，短短一年半左右的時間，宏達電需要執行庫藏股達到五次之多呢？中間發生過什麼事呢？宏達電有什麼基本面的疑慮嗎？如果基本面有疑慮的話，股價竟然可以從 300 元飆到 1300 元！執行庫藏股真的是護盤的萬靈丹嗎？

## 執行庫藏股再搭配基本面，宏達電股價趁勢而起

我們從股市公開資訊觀測站查詢得知，宏達電這五次的庫藏股交易，每次的動機及目的都不盡相同。第一次時間是在 2009 年底，因為市場認為，宏達電為搶占市占率，將以低價取單，這麼一來，將犧牲毛利率及營業利益率，EPS 將會下降；因此，各大外資券商紛紛調降其評等，目標價也一家比一家低，最低還認為宏達電只值 200 元！

觀念速解

基本面

指一家公司的財務（如資產負債、營收、獲益等）及非財務（如公司商品和研發、產業情況、同業比較等）各方面的資訊，作為研究、判斷股票是否買進或賣出的依據，通常會搭配技術面（各期間價格與成交量消長關係）一起研判。

　　而當這樣的評估報告出來，宏達電的股價也一路走跌，從 400 元以上的價位跌破 300 元。這時候，公司認為宏達電的營收狀況並不如外界所預期的那麼差，於是祭出庫藏股護盤，為期二個月，並按照預定目標買回普通股 15,000,000 股。這一次，公司的庫藏股政策明顯成功，維繫了市場信心，股價不至於繼續下跌，而且反向上漲。

**表 1：宏達電於 2010 年～ 2011 年期間執行庫藏股概況彙總表**

| 執行時間 | 買回區間 | 執行目的或背景 | 執行狀況 |
|---|---|---|---|
| 2011/7/18~ 2011/8/17 | 900~1100 | 蘋果提起侵權訴訟 | 執行完畢 |
| 2010/12/1~ 2010/12/31 | 565~850 | 提高股東權益 | 執行率為 0（因為執行期間，股價皆高於買回區間上限） |
| 2010/11/1~ 2010//11/30 | 565~850 | 激勵員工 | 執行完畢 |
| 2010/7/13~ 2010/9/11 | 526~631 | 激勵員工 | 執行 47.86% |
| 2010/2/10~ 2010//4/9 | 280~500 | 市場認為公司犧牲 margin（利潤率）以搶攻市占率，股價因而下跌 | 執行完畢 |

資料來源：公開資訊觀測站

**表 2：宏達電近年股利政策一覽表**

| 年　度 | 股利政策 | | | | 單位：元 |
|---|---|---|---|---|---|
| | 現金股利 | 盈餘配股 | 公積配股 | 股票股利 | 合　計 |
| 104 | 0.00 | 0.00 | 0.00 | 0.00 | 0.00 |
| 103 | 0.38 | 0.00 | 0.00 | 0.00 | 0.38 |
| 102 | 0.00 | 0.00 | 0.00 | 0.00 | 0.00 |
| 101 | 2.00 | 0.00 | 0.00 | 0.00 | 2.00 |
| 100 | 40.00 | 0.00 | 0.00 | 0.00 | 40.00 |
| 99 | 37.00 | 0.50 | 0.00 | 0.50 | 37.50 |
| 98 | 26.00 | 0.50 | 0.00 | 0.50 | 26.50 |
| 97 | 27.00 | 0.50 | 0.00 | 0.50 | 27.50 |
| 96 | 34.00 | 3.00 | 0.00 | 3.00 | 37.00 |
| 95 | 27.00 | 3.00 | 0.00 | 3.00 | 30.00 |

資料來源：Yahoo! 股市

接下來的數個月期間，宏達電先以股價在低檔為由，繼續買進庫藏股，用來作為未來員工分紅配股之用。而這一次的庫藏股，搭配公司的除權息，成功地軋空，讓股價上漲到800元以上，接著，在2010年底附近，再以提高股東權益為由，繼續執行股份買回政策。這一次，搭配業績成長率出乎外界的預期，將股價一路往上推升，除了讓台股已經許久不見的千元股價再度出現之外，因為蘋果公司所捲起的智慧型手機風潮，也讓宏達電的業績迭創新高，讓股價在2011年4月底，創下1300元的歷史天價！市場上普遍認為，宏達電能夠在短短14個月期間，將股價從不到300元的價位，推升到1300元的歷史新高價，這幾次適時的庫藏股政策功不可沒！

　　然而，宏達電當然不是靠股份的買回而當上台股股王的，一路公布的耀眼業績讓市場跌破眼鏡，才是股價創新高的主要原因。而2011年7月18日到8月17日這一次股份買回政策（原因是蘋果提起侵權訴訟，當初外界除了預估龐大的訴訟費可能會影響獲利之外，再來就是宏達電會不會因此而無法在北美或其他地區銷售，如此一來，勢必將會嚴重侵蝕獲利），並沒有辦法挽救如跳水般下跌的股價（除了前述原因之外，也是因為國際股市重挫、市場有二次衰退的疑慮、系統性風險所造成的），甚至因為業績一再失靈，而讓宏達電的股價如溜滑梯般地腰斬再腰斬！（參見第190頁圖2）因此，執行庫藏股也並不全然是護盤的萬靈丹；最主要還是得搭配基本面的因素。

　　因此，爾後投資人看到有某些公司執行股份買回政策，先別跟著「跳進去」；可先從股市觀測站查詢該公司執行庫藏股的原因。而這些原因背後，是不是真的有厚實的基本面撐腰（業績表現亮眼）？如果答案並不是那麼肯定的話，恐怕該公司另有所圖（也許是流於炒作，或是要幫大股東護盤、避免其質押股票被斷頭等），那麼大家最好還是先作壁

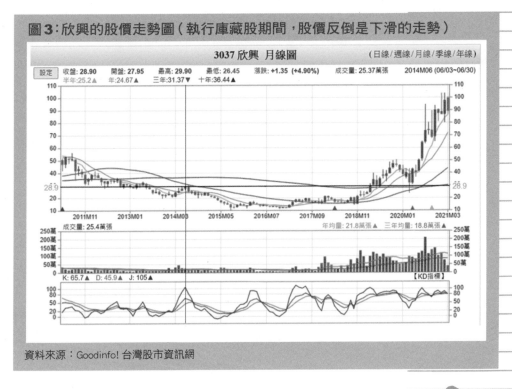

圖3：欣興的股價走勢圖（執行庫藏股期間，股價反倒是下滑的走勢）

資料來源：Goodinfo! 台灣股市資訊網

上觀，以免成為抬轎的轎夫了！因為同樣是執行庫藏股，也有股價重挫、護盤失效的案例，例如以下欣興的例子（參見圖3，2015 年 3 月到 5 月執行庫藏股期間，股價反倒是下滑的走勢）。

### 欣興買庫藏股失效加股價仍重挫

摘錄自《工商時報》2015 年 05 月 27 日

記者龍益雲／桃園報導

欣興電子（3037）買回庫藏股昨（26）日屆滿，預訂買回 1.5 萬張全數買回，但近來營運遠低於市場預期，股價在兩個月執行期間重挫 37.11%。

欣興先前宣布自 3 月 27 日至 5 月 26 日買回庫藏股，

觀念速解

**抬轎**

《3 天搞懂股票買賣》一書出現過，再來複習一下。就像民間俚語：「坐轎的變抬轎」，意思是本來應該舒舒服服坐在轎裡當轎客，卻變成辛辛苦苦抬轎的轎夫。套用在股市中，形容誤判情勢，沒嚐到甜頭，反而變成大吃苦頭的窘境。

預定買回區間介於 16～32 元，昨天公布平均每股買回價 17.96 元，昨天股價雖上漲 0.75 元，收盤價 17.2 元仍處 6 年多低檔區。

欣興首季毛利率 4.92%、稅後淨損 5.57 億元，均創下股票上市櫃以來最差，並首度連虧兩季，每股稅後淨損 0.37 元，低於市場預期，MSCI 明晟半年度調整指數權重、成分股，則遭剔除 MSCI 台灣指數成分股，降為全球中小型股指數成分股。

由前面宏達電的例子，可能會有很多讀者不禁要問：當公司宣告要執行庫藏股時，我們是跟著買比較好？還是觀望？有哪些關鍵點，是不可以遺漏的？以下，我們將針對這個市場上經常會遇到的議題、也是媒體新聞必定會報導的「庫藏股」進一步解說。

公司宣告執行庫藏股，該如何決策？注意其基本面

## 庫藏股——公司護盤的萬靈丹？

從 2008 年金融海嘯之後，因為市場信心常常處於極度脆弱狀態，所以每每遇到某些金融或經濟事件（像是歐債危機、區域性戰爭、英國脫歐等），總會引起市場一陣恐慌，進而讓股匯市波動激烈。而在此激烈渾沌的狀態下，不管個股基本面好或不好，時不時都會出現，在投資人恐慌出脫之下，造成股價非理性崩跌的情景。這時候，就會有某些公司認為自己的股價偏離基本面（報上都會用：某家公司的大股東或大老闆認為自家公司的股價「委屈」），於是會在緊急召開董事會後，登載股市公開資訊觀測站，發布重大訊息，向市場宣布「買回庫藏股」，內容包括：預定買回期間、預定買回之價格區間、預定買回之數量、預定買回股份總金額上限等（參見第 201 頁表 3，以宏達電為例）。這樣公司買進自家公司股票的行為，是否真能提振市場對自家公司的信心，進而讓股價止跌？還有公司實施庫藏股，除了公開昭示「護盤」的決心之外，還有其他意圖嗎？投資人又該如何看待公司執行庫藏股的「意圖」呢？

在深入解讀公司執行庫藏股的意圖之前，我們先來瞭解一些基本的背景知識，以利後續的討論。

## 庫藏股制度——股份之買回

首先，我們來看一下，什麼是「庫藏股」？

根據證券交易法第 28 條之 2——股份之買回（庫藏股制度）（公布日期：民國 104 年 7 月 1 日）

股票已在證券交易所上市或於證券商營業處所買賣之公司，有左列情事之一者，得經董事會三分之二以上董事之出席及出席董事超過二分之一同意，於有價證券集中交易市場或證券商營業處所或依第四十三條之一第二項規定買回其股份，不受公司法第一百六十七條第一項規定之限制：

一、轉讓股份予員工。

二、配合附認股權公司債、附認股權特別股、可轉換公司債、可轉換特別股或認股權憑證之發行，作為股權轉換之用。

三、為維護公司信用及股東權益所必要而買回，並辦理銷除股份者。前項公司買回股份之數量比例，不得超過該公司已發行股份總數百分之十；收買股份之總金額，不得逾保留盈餘加發行股份溢價及已實現之資本公積之金額。

公司依第一項規定買回其股份之程序、價格、數量、方式、轉讓方法、及應申報公告事項，由主管機關以命令定之。

公司依第一項規定買回之股份，除第三款部分應於買回之日起六個月內辦理變更登記外，應於買回之日起三年內將其轉讓；逾期未轉讓者，視為公司未發行股份，並應辦理變更登記。

公司依第一項規定買回之股份，不得質押；於未轉讓前，不得享有股東權利。公司於有價證券集中交易市場或證券商營業處所買回其股份者，該公司其依公司法第三百六十九條之一規定之關係企業或董事、監察人、經理人之本人及其配偶、未成年子女或利用他人名義所持有之股份，於該公司買回之期間內不得賣出。

第一項董事會之決議及執行情形，應於最近一次之股東會報告；其因故未買回股份者亦同。


簡單說，以往都是公司發行股票，以募集資金，提供公司營運之用；但是遇到某些「特殊情況」時（以下會詳細解說），公司可以運用資金，反向從市場上買回自家公司的股票。經由這個過程所買進的股票，存放於公司，尚未再出售或是註銷的股票，就叫做「庫藏股」。

## 庫藏股票在公司解散時，是無法變現的

而「庫藏股」有什麼特性呢？它的特性和未發行的股票類似，沒有投票權或是分配股利的權利，而公司解散時也不能變現。既然它和未發行的股票相類似，所以，它就不能像其他公司用錢「買」或「交換」回來的「物件」一樣，放在資產負債表之「資產」項下，而應作為公司「股東權益」的減項。其原因簡要說明如下：

❶ 依規定，庫藏股票在三年之內可以再出售或註銷。如果將之視為「資產」，公司應該不會註銷，就像公司不會註銷應收帳款、應收票據等。

❷ 資產在公司解散時，可加以變賣兌現，分配給股東，但庫藏股票在公司解散時，是無法變現的。

❸ 庫藏股與未發行之股票基本上並無差異，僅不受不得折價發行之限制而已。但是核定而未發行之股票，並沒有人將之列為資產，所以庫藏股當然也不能列為資產項目。

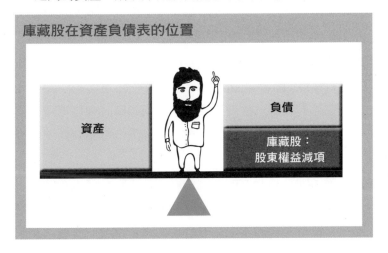

**庫藏股在資產負債表的位置**

資產　　負債

庫藏股：
股東權益減項

瞭解了庫藏股的基本定義之後，我們再來說明，為什麼公司會想要執行「股份之買回」（就是庫藏股）？它有哪些功能或隱含哪些意圖呢？我們從「股東／投資人的立場」以及「公司」的觀點來說明。

## 從股東／投資人的立場看庫藏股的執行

❶ 當公司宣布執行庫藏股時，如果股東趁機將股票賣回給公司，取回的價金，相較於公司是發派現金股利給股東，對於股東來說，有稅賦減免的優勢，因為前者若有價差（或利得）是屬於目前停徵的「證券交易所得稅」，而後者，則需要計入個人「綜合所得」項下課稅。

❷ 當公司宣布買回庫藏股時，通常表示公司認為其股票價格被低估，此時空手者，如果在研讀其基本面，發現並無疑慮之後，可以逢低買進，不失為一種好的投資機會。而如果已經持有該公司股票的投資人，則可以考慮是否要急於在此時殺出股票的決策。

## 從公司的立場看庫藏股的執行

❶ 公司宣布買回庫藏股的時機，多半是公司認為其股票價格嚴重被低估之時，此時公司買回股價偏低的股票，可以達到調節股價、穩定股價的目的。

❷ 其次，公司股份之買回，也將提高公司的每股盈餘（EPS）。因為每股盈餘的定義為：公司的盈餘除以流通在外的股數。當公司買回本身股票時，會使流通在外的股數減少，而在盈餘不變的情況下，每股盈餘就會提高，進而使股價跟著提高。

❸ 透過買回公司股票的方式，可減少小額投資人的數量，降低會計的處理成本。另外，因為流通在外的股份數減少，還可因此控制或保護公司的經營權或所有權，減少流入購併公司可資運用的籌碼，避免其他公司的惡意購併。（註：股份有限公司的特性之一，就是擁有愈多的股份數，代表擁有的投票權愈大；所以只要擁有的股票占公司全部股票的比例最高，就等於擁有可以掌控公司

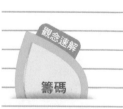

**觀念速解**

**籌碼**

即可用於股票市場操作的資金；有時也用來形容股票的數量。

經營的權利；因此，當有人打算採取從市場上大量購進該公司的股票，來購併一家公司，而不經過合法的談判溝通等步驟的，稱之為「惡意購併」，例如 2015 年喧騰一時的日月光購併矽品事件，就被矽品認為是敵意購併。）

❹ 在相互投資購併計畫中（也可稱為「善意購併」），如果使用公司以往買進的庫藏股，來交換被購併公司的股票，也就是用「股票交換」的方式，完成交互投資，那麼，將可以減少公司須支付之現金購併支出。

❺ 運用所買回的庫藏股票，還可用來配合附認股權公司債、附認股權特別股、可轉換公司債、可轉換特別股或認股權憑證之發行，作為股權轉換之用、甚至是員工分紅配股所需之股份數，而不須再另外發行新股，以免膨脹股本、降低每股盈餘；而且可以節省時間及成本。

❻ 不讓有異議的股東阻撓公司重大決策的執行。當公司作出重大決策（例如決議與他公司合併、或多角化經營時），面對有異議之股東，公司即可透過買回那些股東的股份數，來弭平爭議，使公司得以順暢運作。

❼ 公司可利用庫藏股制度，調整「資本結構」。所謂「資本結構」，簡單說，就是公司資金來源的方式，有可能來自於股東，也可能來自於舉債。而股東又可分普通股股東及特別股股東。有些公司只單純發行普通股，有些公司基於財務需要或其他考量因素，還會發行特別股；而特別股通常具有比普通股較為優惠的配股配息條件，所以如果公司的財務狀況比較好時，就可以藉由買回之前發行的特別股，以節省股利的支付。

❽ 當公司不將之前買進的庫藏股再散發出去，而選擇註銷時，就是所謂的「減資」。減資之後，如果盈餘依舊不變，一如前面的說明，EPS 也就跟著提高。

**資本結構**

是指企業各種資本的構成及其比例。

**增（減）資**

公司為擴大經營規模、拓展業務、提高公司的信用程度，依法增加資本額的過程，稱為增資；而當公司資本過剩或虧損嚴重時，會根據營運的實際情況，依法減少資本額，則稱為減資。

### 買進庫藏股──停、看、聽！

以上羅列出「庫藏股」的功能，一般來說都是利多於弊，但如果有公司或經營管理階層有非善意的盤算的話，也會造成某些不公平的現象，或者弊端。說明如下：

❶ **操縱股票價格：**公司的經營管理階層可能會濫用庫藏股制度，操縱公司股價，藉以圖利經營階層本身或其他特定的第三人（詳下 2.），破壞資本市場價格的公平性。

❷ **圖利特定股東：**在未上市或未上櫃公司的經營管理階層，也可能會濫用庫藏股制度，以高於公司股票價值的價格，向特定股東買回其持股，藉以圖利特定股東。這對其他股東來說也是不公平的。

❸ **內線交易：**當公司面臨經營危機，例如公司業績不振、業外轉投資項目遭受重大虧損、或面臨侵權訴訟等，會讓股價因而挫低的情形時，公司經管階層就有可能在消息尚未公布之前，藉由執行庫藏股制度，利用公司的資金買回自己股份的方式，出脫其本身的持股，避免消息發布後重大的跌價損失，這就是所謂的內線交易。

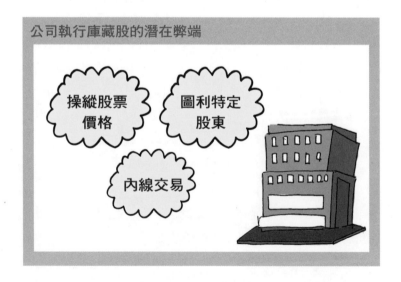

公司執行庫藏股的潛在弊端

操縱股票價格

圖利特定股東

內線交易

以上所言，除了介紹庫藏股的特性與功能之外，還說明了可能因為某些人為因素，讓執行庫藏股成為別有居心者操弄股價的利器。為了避免自己成為俎上肉，下回當有某公司公布要執行股份的買回，也就是庫藏股計畫時，可能要先停、看、聽，不要見獵心喜，貿然跟著公司起舞，以免淪為該制度之下的犧牲者！

**重點**
看到公司執行庫藏股政策
→先上公開資訊觀測站查詢相關訊息
→確定無基本面疑慮
→觀察公司並非虛晃一招，只是以口水護盤，而沒有真的買入股份
→衡量自身風險程度，決定是否買進該公司股票

**INFO 查詢庫藏股執行相關狀況的路徑**

股市公開資訊觀測站（網址：http://mops.twse.com.tw/mops/web/index）→重大訊息與公告→重大訊息→歷史重大訊息－本國籍第一上市（櫃）公司→再輸入該公司股票名稱或股票代號

## 表3：宏達電執行庫藏股的公開資訊

● 本國及第一上市(櫃)公司(含98.10.30前TDR重訊)

本資料由（上市公司）宏達電　公司提供

| 序號 | 1 | 發言日期 | 105/05/15 | 發言時間 | 19:29:28 |
|---|---|---|---|---|---|
| 發言人 | 張嘉臨 | 發言人職稱 | 財務長 | 發言人電話 | (03)375-3252 |
| 主旨 | 公告本公司董事會決議買回本公司股份並辦理註銷股份 | | | | |
| 符合條款 | 第 35 款 | 事實發生日 | 105/05/14 | | |

1. 董事會決議日期:105/05/14
2. 買回股份目的:維護公司信用及股東權益
3. 買回股份種類:普通股
4. 買回股份總金額上限(元):51,684,388,476
5. 預定買回之期間:105/05/16~105/07/15
6. 預定買回之數量(股):40,000,000
7. 買回區間價格(元):47.00~70.00
8. 買回方式:自集中交易市場買回
9. 預定買回股份占公司已發行股份總數之比率(%):4.83

資料來源：公開資訊觀測站

第一次就上手
NO.3

# 匯率變化跟臺股走勢
# 息息相關，你知道嗎？

新臺幣現在是升值還是貶值？不是只有出國換匯時才需要注意的！只要你有投資基金或是股票都得知道！因為新臺幣升值貶值會影響進出口商的匯兌損益，同時也得當心你在贖回基金時，匯差吃掉你的利差！

**貿易順差**
**貿易逆差**

就一國外銷而言，出口總值大於進口總值時，稱為貿易順差；反之，則稱為貿易逆差。

**外匯存底**

一個國家或經濟體的貨幣當局持有並可隨時兌換他國貨幣的資產，通常以美元計算。狹義來說，是指一個國家或經濟體的外匯累積；廣義則是指以外匯計價的總資產，包括現鈔、黃金、國外有價證券等。

現在大多數的國家，多半都以進出口貿易為主要經濟成長來源，因此，匯率的變動會對經濟體產生相當大的影響，進而影響股票價格。考量匯率對總體經濟的影響，可從實質面及金融面討論，進而推論其會如何影響股市。

## （1）匯率對實質面的影響

進出口貿易對 GDP 的貢獻，主要來自於經常帳的收入。經常帳主要是記錄一國進、出口（包括商品及勞務）活動所產生之資金流出和流入的狀況。經常帳為正，稱為貿易順差，可使外匯存底增加；經常帳為負，則為貿易逆差，會使外匯存底減少。一般而言，當本國貨幣相對於外國貨幣貶（升）值時，將有利於出口（進口）廠商，而不利進口（出口）廠商。以新臺幣兌美元貶值為例，我國外銷美國的商品價格（以美元計價）將相對便宜，在與其他國家的產品競爭時，便處於有利的情況，使得外銷產品的銷售量增加。此外，新臺幣貶值，也會使我們的外匯收入產生龐大的匯兌收益。而這也是如電子及紡織業等外銷產業的股價常因新臺幣貶值而出現上漲的原因。

但是另一方面，新臺幣貶值將提高進口廠商的採購成本，造成進口物價的上升，而不利於進口商。因此，當新臺幣大幅貶值時，進口廠商的股價通常表現不佳。

## （2）匯率對金融面的影響

當新臺幣貶值時，許多投資於臺灣股、匯市的外資，擔心未來新臺幣如果持續貶值，會使目前在臺灣的投資資產價值縮水。因此，在預期新臺幣匯率會貶值時，外資常會將資金陸續匯出，而造成我國股市的資金動能減少，使得股市下跌。這種預期心態，不僅出現在外資，國人在預期新臺幣貶值時，也會因避險心理，而出現資金外逃的現象；這時候，會發現國人大舉介入外幣存款或將資金匯出，如此，同樣會使我國股市嚴重失血。從 2015 年底到 2016 年初，觀察臺灣股市的走勢，投資人應該可以感受到新臺幣貶值、臺股重挫之間的關連變化。

### ⊙ **2015 年底到 2016 年初臺股重挫**

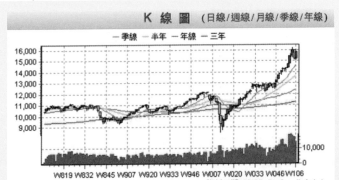

| 統計區間 | 漲跌點 | 漲跌幅 | 振幅 | 均線落點 | 乖離率 |
|---|---|---|---|---|---|
| 5日 | +664.09 | +4.39% | 5.6% | 15690.02 ↗ | +0.72% |
| 10日 | -216.63 | -1.35% | 5.83% | 15631.11 ↘ | +1.1% |
| 月 | +819.27 | +5.47% | 7.93% | 15685.47 ↗ | +0.75% |
| 季 | +2828.87 | +21.8% | 24.8% | 14658.65 ↗ | +7.8% |
| 半年 | +2973.53 | +23.2% | 31.9% | 13703.22 ↗ | +15.3% |
| 年 | +4052.72 | +34.5% | 65.7% | 12448.63 ↗ | +26.9% |
| 三年 | +5398.4 | +51.9% | 74.2% | 11314.65 ↗ | +39.7% |
| 十年 | +6657.05 | +72.8% | 105% | 9469.95 ↗ | +66.9% |
| 二十年 | +9869.98 | +166% | 216% | 7946.79 ↗ | +98.8% |

資料來源：Yahoo! 股市

因此，總括來說，如果一個國家或經濟體的經濟成長率很高，那麼勢必會吸引外資進來投資；而在外資持續看好該國的經濟成長，而持續匯入資金時，會使得該國的貨幣升值，在資金動能相形充裕之下，該國的股市上漲局面，自是可以期待的。

 **2015 年底到 2016 年初臺幣重貶**

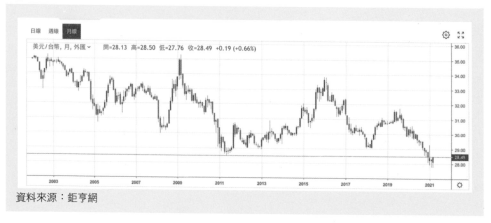

資料來源：鉅亨網

**重點小整理：**

1. 匯率的變動會對經濟體產生相當大的影響，進而影響股票價格。

2. 經常帳主要是記錄一國進、出口（包括商品及勞務）活動所產生之資金流出和流入的狀況，數值為正稱為貿易順差，可使外匯存底增加；數值為負則為貿易逆差，會使外匯存底減少。

3. 本國貨幣相對於外國貨幣貶（升）值時，將有利於出口（進口）廠商，而不利進口（出口）廠商。

4. 在預期新臺幣貶值時，外資常會將資金陸續匯出，而造成我國股市的資金動能減少，使得股市下跌。

第3天
課程结束！

圖解筆記19

# 3天搞懂財經資訊（最新增訂版）
## 看懂財經新聞、企業財報不求人，找出年年下蛋的金雞母！

作　　　者：梁亦鴻
責任編輯：簡又婷
校　　　對：梁亦鴻、林佳慧、簡又婷
視覺設計：廖健豪
寶鼎行銷顧問：劉邦寧

發 行 人：洪祺祥
副總經理：洪偉傑
副總編輯：林佳慧
法律顧問：建大法律事務所
財務顧問：高威會計師事務所
出　　　版：日月文化出版股份有限公司
製　　　作：寶鼎出版
地　　　址：台北市信義路三段151號8樓
電　　　話：(02)2708-5509｜傳真：(02)2708-6157
客服信箱：service@heliopolis.com.tw
網　　　址：www.heliopolis.com.tw
郵撥帳號：19716071 日月文化出版股份有限公司

總 經 銷：聯合發行股份有限公司
電　　　話：(02)2917-8022｜傳真：(02)2915-7212
印　　　刷：禾耕彩色印刷事業股份有限公司
初　　　版：2016年9月
二　　　版：2021年5月
定　　　價：350元
I S B N：978-986-248-964-2

國家圖書館出版品預行編目資料

3天搞懂財經資訊：看懂財經新聞、企業財報不
求人，找出年年下蛋的金雞母！/ 梁亦鴻著. --
二版. -- 臺北市：日月文化, 2021.05
216面；17X23公分-- (圖解筆記；19)
ISBN 978-986-248-964-2(平裝)
1.投資 2.理財
563.5　　　　　　　　　　　110004161

日月文化集團　HELIOPOLIS CULTURE GROUP

客服專線 02-2708-5509
客服傳真 02-2708-6157
客服信箱 service@heliopolis.com.tw

廣 告 回 函
台灣北區郵政管理局登記證
北台字第 000370 號
免 貼 郵 票

# 日月文化集團 讀者服務部 收

### 10658 台北市信義路三段151號8樓

對折黏貼後，即可直接郵寄

## 日月文化網址：**www.heliopolis.com.tw**

### 最新消息、活動，請參考 FB 粉絲團

大量訂購，另有折扣優惠，請洽客服中心（詳見本頁上方所示連絡方式）。

大好書屋　　　　寶鼎出版　　　　山岳文化

EZ TALK　　　　EZ Japan　　　　EZ Korea

 大好書屋 ・ 寶鼎出版 ・ 山岳文化 ・ 洪圖出版　　**EZ**叢書館　**EZ**Korea　**EZ**TALK　**EZ**Japan

日月文化集團
HELIOPOLIS
CULTURE GROUP

## 3天搞懂財經資訊（最新增訂版）

**感謝您購買**　看懂財經新聞、企業財報不求人，找出年年下蛋的金雞母！

為提供完整服務與快速資訊，請詳細填寫以下資料，傳真至02-2708-6157或免貼郵票寄回，我們將不定期提供您最新資訊及最新優惠。

1. 姓名：＿＿＿＿＿＿＿＿＿＿＿＿　　性別：□男　　□女

2. 生日：＿＿＿＿年＿＿＿＿月＿＿＿＿日　　職業：＿＿＿＿

3. 電話：（請務必填寫一種聯絡方式）

　　（日）＿＿＿＿＿＿＿　（夜）＿＿＿＿＿＿＿（手機）＿＿＿＿＿＿＿

4. 地址：□□□＿＿＿＿＿＿＿＿＿＿＿＿＿＿＿＿＿＿＿＿

5. 電子信箱：＿＿＿＿＿＿＿＿＿＿＿＿＿＿＿＿＿＿＿＿

6. 您從何處購買此書？□＿＿＿＿＿＿＿縣/市＿＿＿＿＿＿＿書店/量販超商

　　□＿＿＿＿＿＿＿網路書店　□書展　□郵購　□其他

7. 您何時購買此書？　　年　　月　　日

8. 您購買此書的原因：（可複選）

　　□對書的主題有興趣　　□作者　□出版社　□工作所需　　□生活所需

　　□資訊豐富　　　　□價格合理（若不合理，您覺得合理價格應為＿＿＿＿＿＿）

　　□封面/版面編排　□其他＿＿＿＿＿＿＿＿＿＿＿＿＿＿＿＿＿＿

9. 您從何處得知這本書的消息：　□書店　□網路／電子報　□量販超商　□報紙

　　□雜誌　□廣播　□電視　□他人推薦　□其他

10. 您對本書的評價：（1.非常滿意 2.滿意 3.普通 4.不滿意 5.非常不滿意）

　　書名＿＿＿＿　內容＿＿＿＿　封面設計＿＿＿＿　版面編排＿＿＿＿　文/譯筆＿＿＿＿

11. 您通常以何種方式購書？□書店　　□網路　□傳真訂購　□郵政劃撥　□其他

12. 您最喜歡在何處買書？

　　□＿＿＿＿＿＿＿縣/市＿＿＿＿＿＿＿書店/量販超商　　□網路書店

13. 您希望我們未來出版何種主題的書？＿＿＿＿＿＿＿＿＿＿＿＿＿＿＿＿

14. 您認為本書還須改進的地方？提供我們的建議？

　　＿＿＿＿＿＿＿＿＿＿＿＿＿＿＿＿＿＿＿＿＿＿＿＿＿＿＿＿＿＿

　　＿＿＿＿＿＿＿＿＿＿＿＿＿＿＿＿＿＿＿＿＿＿＿＿＿＿＿＿＿＿

　　＿＿＿＿＿＿＿＿＿＿＿＿＿＿＿＿＿＿＿＿＿＿＿＿＿＿＿＿＿＿

　　＿＿＿＿＿＿＿＿＿＿＿＿＿＿＿＿＿＿＿＿＿＿＿＿＿＿＿＿＿＿